给孩子的国学课
Gei Haizi de Guoxue Ke

张正中　张楠迪　梁沂哲　编著

北方联合出版传媒（集团）股份有限公司
辽宁少年儿童出版社
沈　阳

ⓒ 张正中　张楠迪　梁沂哲　2024

图书在版编目（CIP）数据

给孩子的国学课/张正中，张楠迪，梁沂哲编著.
—沈阳：辽宁少年儿童出版社，2024.5
　　ISBN 978-7-5315-9779-7

Ⅰ.①给… Ⅱ.①张… ②张… ③梁… Ⅲ.①中华文化—儿童读物 Ⅳ.①K203-49

中国国家版本馆CIP数据核字（2024）第059279号

出版发行：北方联合出版传媒（集团）股份有限公司
　　　　　辽宁少年儿童出版社
出 版 人：胡运江
地　　址：沈阳市和平区十一纬路25号
邮　　编：110003
发行部电话：024-23284265　23284261
总编室电话：024-23284269
E-mail:lnsecbs@163.com
http://www.lnse.com
承 印 厂：辽宁新华印务有限公司

责任编辑：王馨悦
责任校对：段胜雪
封面设计：豪美文化
版式设计：豪美文化
插　　图：豪美文化
责任印制：孙大鹏

幅面尺寸：168mm×240mm
印　　张：18.5　　字数：183千字
出版时间：2024年5月第1版
印刷时间：2024年5月第1次印刷
标准书号：ISBN 978-7-5315-9779-7
定　　价：48.00元

版权所有　侵权必究

前言

中华优秀传统文化绵延数千年之久，放眼望去，其中尽是瑰宝，是我们的祖先对宇宙、生活的认知，是中华民族独有的高级智慧，现今世界没有任何其他民族可以与之比拟。

近代国学大师们对"国学"有诸多定义：季羡林先生曾提出"大国学"的概念，将国内各地域文化和五十六个民族的文化都包括在"国学"的范围之内；章太炎先生也曾在《章太炎国学二种》一书中，分经学、史学及文学三个派别对"国学"进行论述。总的来说，凡吾国域内之学，都可称为"国学"，涵盖内容极为广泛。

为了让孩子尽可能全面、清晰地了解国学的概貌，在前人的基础上，本书从哲学思想、天文地理、历史掌故、文学艺术、生活习俗、科学技术、工程建筑七个方面对国学进行讲述，以神话传说、历史故事为主体，体现中华传统文化的精髓主张，比如泰然自若、威武不屈等。本书中每个故事都引人深思，部分故事带有评析并附以知识拓展与现实思考，全书通俗易懂，可读性强，能激发孩子的阅读兴趣，带入思考，做到学以养正、将以有为，帮助孩子从小树立良好的世界观与人生观，使其在未来的社会竞争中立于不败之地。

  本书是引领孩子了解传统文化的入门书籍，孩子可以从中积累文化知识、正知正见、开阔视野、提升格局、找寻乐趣并体悟到传统文化在日常生活中的实用性和智慧。笔者希望此书能够帮助孩子认识和理解传统文化，并受到传统文化的滋养，成为一颗具有顽强生命力的文化种子。

正中·道名文化

2022 年 5 月 19 日

目 录

一、哲学思想

1. 软舌头与硬牙齿 ……………………………………… 2
2. 孔子的小老师 ………………………………………… 6
3. 竹子能有什么道理 …………………………………… 11
4. "两个人"是什么？…………………………………… 15
5. 什么才叫讲"义气"？………………………………… 18
6. 高人如何用巧智 ……………………………………… 23
7. 曾子杀猪为哪般？…………………………………… 26
8. 拿出恭敬，收获尊重 ………………………………… 28
9. 大志立而后功成 ……………………………………… 31
10. 横渠四句惊天地 ……………………………………… 34

二、天文地理

1. "三才"是什么？……………………………………… 38
2. 星星的运动 …………………………………………… 41
3. 太阳兄弟的名字 ……………………………………… 45
4. 五位神仙 ……………………………………………… 48
5. 大地的骨骼 …………………………………………… 51
6. 大地的血液 …………………………………………… 56
7. 为何用"九州"代指天下 …………………………… 59
8. 《山海经》中的世界 ………………………………… 62
9. 取经的和尚 …………………………………………… 66

10. "走断腿"的行者················· 69

三、历史掌故

1. 三千越甲可吞吴················· 76
2. 一纵一横····················· 79
3. 史上第一个皇帝·················· 83
4. 史上最著名的一顿饭················ 88
5. "公羊生小羊"··················· 93
6. 捉住小老虎···················· 97
7. 东汉末年南北大战················· 100
8. 打仗下棋两不误·················· 104
9. 一杯酒的智慧··················· 107
10. 不折不扣的英雄·················· 111
11. 留头还是留发？·················· 115
12. 开心到发疯的考试················· 119

四、文学艺术

1. 一撇一捺····················· 124
2. 藐视权贵的诗仙·················· 128
3. 山坡上的词人··················· 135
4. 风靡一时的小说·················· 140
5. 喜鹊会搭桥···················· 144
6. "义绝"关云长··················· 148

7. 子期不在为谁弹······151

8. 天下第一行书······156

9. 丹青之妙······159

10. 戏里的女子，戏外的英雄······163

11. 雅俗共赏的"饮料"······167

五、生活习俗

1. 汉民族的服饰······172

2. 民以食为天······177

3. 饺子和耳朵······181

4. 大文豪爱吃肉······184

5. 悲欢聚散一杯酒······187

6. 中国最重要的节日······192

7. 冻掉下巴······195

8. 龙舟竞渡······198

9. 怀念故人······202

10. 节日离不开美食······206

六、科学技术

1. 古人生病怎么办······212

2. 中国古代数学······216

3. 伟大的发明······220

4. 会飞的木头······223

5. 雌雄双剑……227
6. 冷兵器之神……231
7. 泥土的新生……235
8. 古老的耕具……239
9. 神奇的墨家人……243
10. 传奇建筑世家……247

七、工程建筑

1. 万里长城……252
2. 秦始皇的侍卫……256
3. 皇帝的豪宅……261
4. 西藏历史的博物馆……265
5. 悬在空中的寺庙……270
6. 李冰斗江神……274
7. 天下绝景……278
8. 石窟艺术的巅峰……282
9. 皇家的山水乐园……285

参考答案……288

一、哲学思想

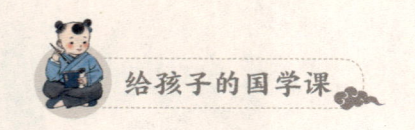

1. 软舌头与硬牙齿

故事　　**舌齿之教**

在春秋末期，一个小孩儿出生在陈国。他身体瘦弱，但头很大，眉毛很宽，尤其是他的一双大耳朵，异于常人，所以取名李耳，字聃。长大后，李耳因学问渊博而名扬天下，人们都很尊敬他，于是便尊称他为"老子"。在当时，人们认为老子是智慧的化身，就连孔子都去拜访过他。

传说老子的老师叫常摐。常摐晚年的时候生了一场重病，作为学生，老子很担心老师，于是就去探望。

当老子见到躺在病床上的老师时，便感觉老师可能快要离开人世了，于是说："先生，您病得很厉害啊，我很难过，您还有没有要嘱咐我的话呢？"

常摐说："你不问，我也要跟你说，你先回答我几个问题吧。"

老子点点头，恭敬地站起身来，等老师提问。

1. 软舌头与硬牙齿

常摐说:"第一个问题,回到故乡要下车步行,你知道为什么吗?"

老子回答说:"这是说做人不要忘本。"

常摐点点头,又问:"第二个问题,遇到高大的树木要弓着身子快速走过去,你知道为什么吗?"

老子说:"这是说要尊敬长者和贤者吧!"

常摐点头,然后张开自己的嘴巴问:"你看我的舌头还在吗?"

"在。"

"那我的牙齿还在吗?"

"不在了。"

"你能告诉我这是为什么吗?"

老子回答:"舌头还在,是因为它是柔软的;牙齿没有了,是因为它是坚硬的。柔能胜刚。"

常摐很满意地点点头,笑着说:"是的,你说得都对。这天下的事我已经全部告诉你了,再没有什么可以告诉你的了,我可以放心地离开了。"

这三个问题,对老子的一生影响很大。

晚年的老子看到天下大乱,非常难过,于是辞掉了官职,骑着青牛西行。《道德经》中所述,基本反映了老子的思想。

评析

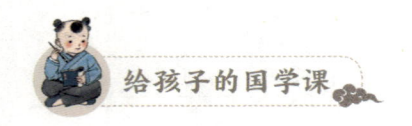

老子是道家文化的创始人，是早于孔子的哲学家，也是世界百位历史名人之一。《道德经》书中所述，基本反映了老子的思想。《道德经》讲述了天地之间的规律——道，告诫人们只有顺应自然法则才能更好地生存；还要像水一样，以柔胜刚，滋养万物却不争不抢。"无为而治""利而不争""柔能胜刚"等思想，千百年来一直影响着我们，是中华文化非常重要的组成部分。

知识拓展

《道德经》第六十七章节选："我有三宝，持而保之。一曰慈，二曰俭，三曰不敢为天下先。"

意思是说：我有三件宝贝，要时时执守并珍惜它们。第一件叫慈爱，第二件叫节俭，第三件叫不敢处在众人之前。

1. 软舌头与硬牙齿

思考

下面哪种情景不符合老子的思想？（　　）

A. 在学校里，不管什么事都要与别人争。

B. 吃多少饭就盛多少，不浪费粮食。

C. 班级拔河比赛中非常努力，赢了但并不认为都是自己的功劳。

D. 与父母产生矛盾的时候，以平和的语气与父母沟通。

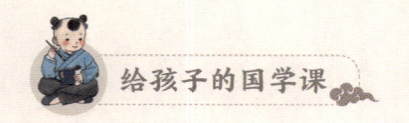

2. 孔子的小老师

故事 项橐三难孔子

有一年孔子从鲁国出发,乘坐马车去东边的邻国莒国讲学,进城不久,就碰见马路中间有五个小孩儿在玩耍,挡住了孔子的去路。其中四个小孩儿见到这个情形都跑开了,只剩一个小孩儿头也不抬地继续玩着泥巴。

孔子看到后有点生气,便从马车中探出头来说:"不懂礼貌的小孩儿,马车来了怎么不知道避让!"

挡住去路的小孩儿叫项橐,他听孔子说话的语气不好,心里非常不悦,准备刁难一下孔子。

于是项橐指着马车说:"城池在此,城门未开,马车如何能进去?"

孔子说道:"我已经进城门了呀,不用再进了!"

项橐说:"我说的城与你说的城不同,你说的城你是进来了,我说的城你还没进去。"说完

2. 孔子的小老师

向地面指了指。

孔子感到奇怪，于是走下马车上前察看。原来，刚才这几个小孩儿用泥巴在地面上堆了一座漂亮的城池，城门只有一寸高。

孔子好奇地问道："请问，你们建这座城池有什么用处？"

项橐答道："城池当然是用来抵御敌人的兵马啊。"

听到项橐这样说，孔子感到很吃惊，看起来不过七八岁的孩子，却有如此壮志豪情，将来必定能有一番成就。于是孔子决定趁机考考项橐，说道："如果我今天非要从这里过去，你又能怎么办呢？"

项橐说："城池是死的，马车是活的。自古以来，马车遇到城池都会避让，从没有见过城池遇到马车要挪走的，这点道理你难道不懂吗？"

孔子从没被人难住过，今天却被一个孩子问得难以答复，有点难堪。为了挽回颜面，他决定邀请项橐一路同行，找机会再为难项橐。

项橐同意了孔子的邀请，转过身去，胡乱在空中比画了一番，然后恭恭敬敬地说："先生，城门被我扩大了，马车可以通过了，我们上路吧。"

项橐很机敏,他感觉到孔子要为难他,于是便先下手为强。

路过一条小河时,一行人看到有一群鹅扑棱着翅膀跳进水里,优哉游哉地顺流而下。项橐说:"请问,为什么鹅的叫声那么响亮?"

孔子答道:"鹅的脖子长,所以叫声高亢。"

项橐接着问:"那蛤蟆的脖子很短,为什么它们的叫声也很高?"

孔子又一次被难住了,心中暗暗佩服项橐的才智。

项橐看到河边青翠的松树非常挺拔,又一次向孔子发问:"老先生,松树为什么不怕冬天,天再冷叶子也不会枯萎?"

孔子说:"松树的芯坚实,所以能耐得住严寒。"

项橐接过话说道:"那竹子呢?竹子节间中空,也能不畏严寒,这又是为什么呢?"

孔子第三次被难住了,无法反驳,就很认真地说道:"你才智过人,我出一道题,如果你能答上来,我就拜你为师;如果你答不出,你就得拜我为师。你看怎么样?"

项橐很坚定地说:"君子不可戏言!就这么

2. 孔子的小老师

说定了！"

见项橐同意，孔子便说："我问你，天上有多少颗星星？地上有多少棵五谷？"

项橐略一思索，答道："一天一夜星辰，一年一茬五谷。"

虽然项橐的答案并不是十分准确，但这句话包含的思想以及项橐的冷静应对，都让孔子感到佩服，于是孔子即刻拜项橐为师。孔子还告诉身边的学生们："三人行，必有我师焉，一定要虚心多向别人学习。"

评析

孔子名丘，字仲尼，开创了儒家学派，相传先后有弟子3000人，其中著名的有72人，被称作"孔门七十二贤"。孔子也被人们奉为"文圣"。孔子能放低姿态，拜7岁孩童项橐为师，说明孔子是一个心胸宽广的人，对自己的言行很负责，言出必行，绝不反悔。儒家文化非常注重践诺，孔子正是用自己的实际行动诠释了什么是"仁义礼智信"，倡导人们要谦虚、明礼、好学、诚信、尊老爱幼、尊师重教。

知识拓展

"子"是古代对老师或有道德、有学问的人的尊称。先秦至汉初有很多学术派别,统称为"诸子百家"。比如管子、孔子、墨子、老子、庄子、孟子、荀子等学术思想代表人物称为"诸子",学术上的各种派别称为"百家"。

思考

下面哪种情景不符合孔子的主张?(　　)
A. 向农民伯伯请教栽种粮食的问题。
B. 见到师长,主动问好。
C. 要求别人要谦让,自己却从不谦让。
D. 不以向小孩子请教问题为可耻。

3. 竹子能有什么道理

故事　　　　守仁格竹

明朝有一位大思想家名叫王守仁,世称"阳明先生"。他本来是个文官,却因为接连平定了南赣、两广盗乱及朱宸濠之乱,跃身成为明代凭借军功封爵的三位文臣之一。王阳明既是大学问家,又是将帅之才,上马为将,下马为师,文能安邦定纬,武能保家卫国,人们都很崇敬他。

王阳明十八岁的时候,还只是个普通的读书人,但是他有一个优点,就是爱思考。

有一次,王阳明和朋友在竹林前探讨宋朝理学家朱熹有关"格物致知"的学问,他突然灵机一动,说道:"咱们把竹子的道理'格'出来怎么样?"

他的朋友很吃惊:"竹子能有什么道理呢?"

王阳明回答:"朱熹先生说,一草一木都有它自己的道理,不'格'你怎么能知道呢?"

朋友犹豫了一下,认为王阳明的话有些道理,

于是两人站起身来，走到一棵挺拔的竹子面前。朋友茫然地看着王阳明，不知从何下手，问道："开始吧！咱们怎么'格'？"

王阳明也不知道方法，只好胡乱说："盯着看就行了，道理自然会出来。"

于是，二人就死盯着那棵竹子看，吃饭睡觉都是糊弄过去的。三天后，那位朋友都快成竹子了，可什么道理都没有"格"出来，甚至产生了幻觉——他看到那棵竹子飞了起来，绕着他不停地旋转。他头昏脑涨，身体实在支撑不住了，再看看旁边的王阳明，同样是双眼满布血丝，就对王阳明说："我真坚持不住了，看来'格物'真不是我们这些凡夫俗子能做到的，得像朱熹那样的人才行啊！我天赋有限，先撤了，你继续'格'吧。"

朋友的离开并没有使王阳明灰心，他依然死死地盯着竹子。到了第六天，他不但出现了幻觉，还出现了幻听。他能听到竹子在说话，好像在埋怨他笨，又好像在嘲笑他。王阳明生气了，使出仅存的力气喊道："你们根本就没什么道理，我怎么'格'得出来！"因为体力严重透支，他根本就没有喊出声音，然后就昏倒了。

他醒过来后反省"格"竹子的经历，确信朱

熹说的"格物致知"有问题。此前他很信奉朱熹的言论，但此番尝试之后发现朱熹说的并不完全正确，他感到很苦恼，甚至有些绝望。不过，好在王阳明能够及时调整自己，此路不通，他会掉头再寻找另外的路，直到找寻到真理才肯罢休。

在不断地探索之下，他终于在39岁的时候成功悟道，成了"心学"的集大成者。

评析

阳明先生不仅创立了"心学"体系，还建立了不朽的功勋，是一个文武双全的人。"心学"体系相继传入了日本、朝鲜等国，弟子众多。阳明先生主张"知行合一"的思想，知必然要表现为行，不行则不能算真知。他一生都在探索真理、践行真理，他之所以能有如此大的成就，正是因为他有勤学好思、敢于质疑、勇于实践的品质。

给孩子的国学课

知识拓展

王阳明曾说:"凡学之不勤,必其志之尚未笃也。"意思是说:凡是学习不勤奋的人,一定是志向还不够明确,还不够用心。

思考

下面哪种情景不符合王阳明的主张?(　　)

A. 遇到想不明白的问题,就放弃不想了。
B. 听老师讲了一个道理后,在生活中尝试应用。
C. 看到书中某句话说得好像不对时,敢于质疑和探索。
D. 当感到迷茫的时候,要冷静下来思考。

4. "两个人"是什么?

故事 仁爱商人乔致庸

清朝末期,山西有个非常有名望的商人家族,这个家族建立了当时最庞大的商业帝国,当家人叫乔致庸。为帮助困难的邻里乡亲,他命人在门前拴了三头牛,不管谁家要用,只需招呼一声,便可借去使用一天;每年春节前夕,乔家大门洞开,乔致庸会拉出一辆满载米、面、肉的板车,谁家缺吃的,只要在门口招招手,便可随意取用。

有一年,年成不好,到处都在闹饥荒。其他商户都紧闭大门,唯恐灾民闯进来抢了自己的粮食和钱财,只有乔致庸带着家丁搭粥棚,熬粥救济灾民。为了节约粮食,他们一家人也与灾民同锅喝粥,但即便如此,搭棚赠粥还是耗资巨大,差点让乔致庸倾家荡产。

当地的另一个大富商何员外则与乔致庸不同,为赚钱不择手段,豢养了一大群打手帮他经营大烟馆,坏事做尽,百姓们恨他恨得牙痒痒,却拿

他没办法。不过这个做了无数缺德事、坑害了无数老百姓、搜刮了无数不义之财的何员外也没过上舒心的日子,他的独生子在自家大烟馆里染上了毒瘾,疾病缠身,年纪轻轻就病死了,留下何员外孤独终老。

而乔致庸,他凭借一颗仁爱之心,召集了许多忠诚的伙计。无论是多么危难的时刻,这些伙计都不离不弃,和他们全家人一起经风历雨,出生入死,结成了一个团结友爱的大家庭。这也是后来乔致庸能够成为晋商代表人物的原因之一。

位于山西省祁县乔家堡村的"乔家大院"正是乔致庸曾经的住所,民间素有"皇家有故宫,民宅看乔家"之说,"乔家大院"现在是非常著名的旅游景点。

评析

二人为"仁"。两千多年来,"仁"字作为儒家文化的核心内容,时刻体现在人与人之间的关系中。往小了说,我们要多关爱他人,为他人着想,乐于助人,扶危济困;往大了说,我们要以天下为己任,为天下人谋幸福。因此,我们要让自己强大起来,这样不仅可以保护好自己,还可以更好地帮助他人。

4. "两个人"是什么?

知识拓展

"仁"是儒家五常之一,其余四项为义、礼、智、信,五常指人应该拥有的五种最基本的品格和德行。《说文解字》中说:"仁,亲也。"意思就是说,仁是指人与人之间相亲、关爱。

思考

下面哪种情景不是"仁"的表现?(　　)
A. 面对父母的批评,恭敬地接受。
B. 同学脚受伤了,帮助他上下楼梯。
C. 出入教室、图书馆等场所,保持安静。
D. 遇到小动物,追打或者踩躏。

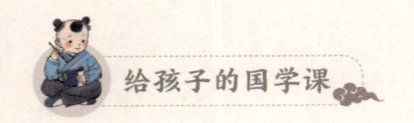

5. 什么才叫讲"义气"?

故事 文天祥以身殉志

文天祥是南宋时期著名的文学家,与陆秀夫、张世杰并称为"宋末三杰"。

文天祥原名文云孙,21岁那年参加科举考试,以"法天不息"为题写了一篇文章。文章洋洋洒洒一万多字,没有草稿,一气呵成,这让很多人为他的才华感到惊讶。考官王应麟(《三字经》的作者)上奏皇帝:"这个试卷以古代的事情为借鉴,忠心肝胆好似铁石,我以为能得到这样的人才可喜可贺!"皇帝看了文章后也惊喜万分,于是亲点文云孙为当年的状元。成为状元的文云孙改名为文天祥。

在文天祥39岁时,蒙古军攻打大宋,皇帝向天下发出求救的诏书,文天祥主动召集各路英雄豪杰数万人抵抗蒙古大军,并且把家里的全部钱财都拿出来作为军费,立志要以身殉国,希望能用自己的生命激发出天下忠臣义士的反抗热情。

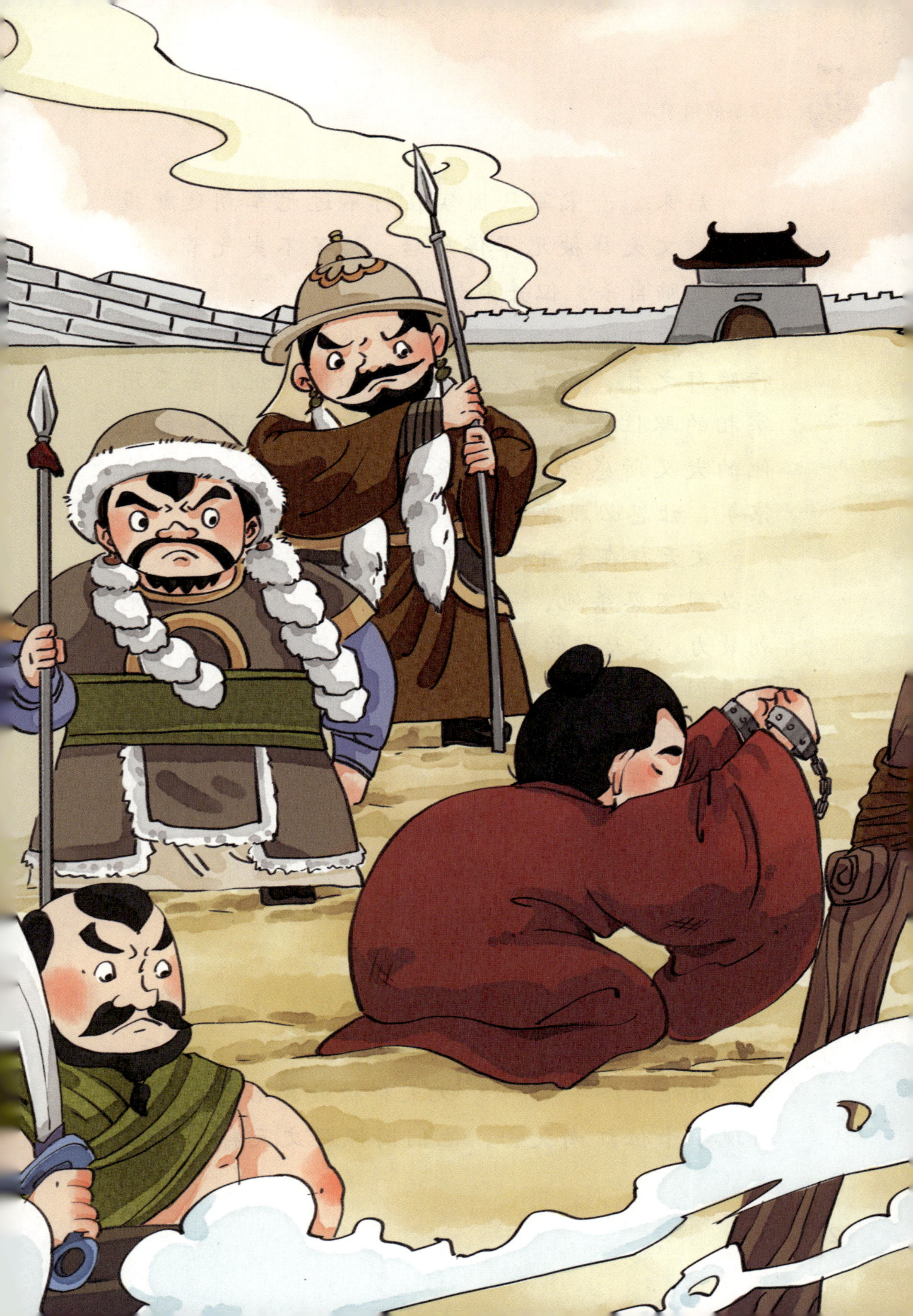

后来，南宋军队因实在打不过元军朝廷就投降了，文天祥被元军俘虏后，为了不失气节，他吞食龙脑自杀，但并未如愿。

文天祥在见到蒙古的将军张弘範时，坚决不行跪拜之礼，而且无论张弘範如何劝说，甚至用宰相的职位诱惑，文天祥都不肯投降。张弘範被他的大义所感动，于是派人把他送到大都（今北京），让忽必烈决定文天祥的去处。

文天祥在大都被关押了三年，丝毫没有屈服，忽必烈不忍杀他，一直等着有朝一日，他能为元朝效力。文天祥的妻子和两个女儿都在宫中为奴，过着囚徒般的生活，文天祥明白：只要投降，家人即可团聚。但文天祥不愿因妻子和女儿而丧失气节。他在写给自己妹妹的信中说："收到女儿的来信，就像刀子在割我的肉啊！谁能不担心妻子、女儿呢？但如今国家危亡，我作为宋朝的臣子被俘虏，于义应该以死报国，决不能投降，这就是命运啊……"

忽必烈在大臣的建议下，决定处死文天祥。在赴刑场时，文天祥丝毫没有害怕，向南方跪拜后，从容赴死，终年47岁。文天祥被处死后，刑场上出现了十位江南义士，他们因佩服文天祥的大义而冒死前来为文天祥办理后事。

评析

我们习惯于认为义气就是为了某些所谓的"朋友"而不计原则和后果，这是错误的理解。义气是有原则的，我们要学会分辨对错，要明白与心术不正的"朋友"共同犯错不是义气，帮助朋友走出困难才是真正的义气。从家国、民族的角度讲，在家国危亡的时候，心怀正义，哪怕为此而牺牲自我也心甘情愿的精神，就可以叫作"大义"。

知识拓展

文天祥1279年过零丁洋时曾写下"人生自古谁无死？留取丹心照汗青"的千古名句，意在表明自己舍生取义的决心。《孟子·告子上》中说："生，亦我所欲也；义，亦我所欲也。二者不可得兼，舍生而取义者也。"意思是说，在生命和道义不能同时得到的时候，只好牺牲生命而选取道义了。

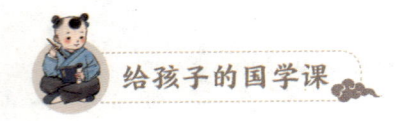

思考

下面哪种情景是真正的讲"义气"？（　　）

A. 旁边有人摔倒，我视而不见。

B. 小伙伴偷拿别人东西，我帮他一起偷拿。

C. 朋友要犯错误的时候，我及时劝说或制止他。

D. 敌人来犯，选择投降。

6. 高人如何用巧智

故事　张良巧计保太子

汉朝初年，刘邦想要废掉太子刘盈，改立戚夫人的儿子刘如意为太子。大臣们极力劝谏阻止，刘邦没有采纳他们的意见。刘盈的母亲吕后（吕雉）很是着急，于是派人拦住军师张良，让张良帮忙出主意。张良明白立谁为太子这件事是无法劝谏的。于是他献计吕后，以刘盈的名义，用厚礼请当时非常有名望的四位老者东园公、角里先生、绮里季、夏黄公来辅佐太子，而这四个人是刘邦所敬仰并多次派人请他们都没有请到的。吕后派人拿着太子的书信和礼品，用谦卑的态度把他们请来了。

有一天，刘邦在皇宫中看见四个白胡子老人陪着太子，走近一看竟是东园公等人，便惊奇地问："我多年以来无数次邀请你们，你们都躲着不见我，现在你们怎么会陪着我儿子呢？"四人说："陛下对待我们非常傲慢，我们不愿意受这样的侮辱，

所以才躲起来，但听说太子为人谦逊、和善，对待贤人很是恭敬，天下人都愿意为太子而死，所以我们几人才会前来。"

四人走后，刘邦无奈地对戚夫人说："我想换掉太子，但太子有他们四人辅佐，他的实力已经很强大了，想换也换不了了。"

从此，刘邦打消了换太子的念头。

评析

中华传统文化中的"智"指的不是"智力"，而是"智慧"，是我们处理生活中各种事情的思路和方法，以及对事物的认知能力，老话中的聪明人说的就是有智慧的人。张良没有直接劝说刘邦，而是让太子请来了四位老人，让刘邦自己思考这件事，既没有产生冲突，又解决了这件事情，这就是智慧。不过智慧不等同于阴谋，智慧的基础是道德，阴谋的基础则是利益，二者有善恶的区别。

6. 高人如何用巧智

知识拓展

曾有盗墓者在张良的墓中盗出一本千古奇书，后经考证，此书正是汉代黄石公所著的《素书》，书中《正道章》记载："设变致权，所以解结。"引申含义便是：灵活运用奇妙的方法，就能解决问题的症结。猎人要捉老虎，在没有办法直接抓住的时候，猎人就会装扮成一只猪，并学猪叫，把老虎引出来，等老虎走近时再突然袭击它。这样，老虎即便不死也会受伤。这就是成语"扮猪吃老虎"的由来。

思考

以下哪种情景是"智"的表现？（　　　）

A. 给别人提建议遭到回绝时，仍不停地提。
B. 妈妈不开心的时候，我主动分担家务。
C. 碰到迈不过去的坎儿，就停滞不前。
D. 自己的零花钱花完了，想方设法得到其他小朋友的零花钱。

7. 曾子杀猪为哪般？

故事

曾子杀猪

曾子是孔子的小弟子，后世尊其为"宗圣"。有一次，他的妻子准备到集市上去买东西，他的儿子却跟她不停地哭闹，曾子的妻子就对孩子说："你不要闹，等我回来，我给你杀一头猪，我们吃猪肉。"

妻子买完东西回来，曾子就要抓一头猪杀了，妻子连忙制止他说："我只不过是跟小孩子开玩笑罢了，你怎么还当真啦？"曾子说："小孩子是不能和他开玩笑的，小孩子是不明白什么叫玩笑的。小孩子的成长，先是模仿父母的所作所为，然后才会听从父母的教诲。现在你不讲信用、欺骗他，是在教他学会欺骗。母亲欺骗儿子，儿子就不会相信自己的母亲。"妻子明白了曾子的意思，于是同意曾子把猪杀了，煮了吃肉。

7. 曾子杀猪为哪般?

评析

"人"加"言"就是"信","信"字原本的意思是言语真实,后来引申为信用、诚信,这是人与他人相处时最重要的品质。不论事情大小,也不论对谁,我们都不能失去信用,不然就会逐渐失去亲情、友情等宝贵的情谊,再大的成就也会因失信而消失不见。而无论大小事都能守信的人,会逐渐收获人们的信任,得到人们的拥护。

知识拓展

《史记》中记载:"得黄金百斤,不如得季布一诺。"意思是说,百斤黄金的价值,也不如季布这个人的一个承诺,后来人们用"一诺千金"来形容一个人的信用极高。

思考

下面哪些情景是守信的?(　　)

A. 三番五次向老师保证改掉坏习惯,却一直不能改正。

B. 与小朋友约好了出去玩,却因午觉睡过头而没去。

C. 不经过思考而随意答应别人的请求,转头就忘了。

D. 答应妈妈看半小时电视,时间到了,准时关闭电视。

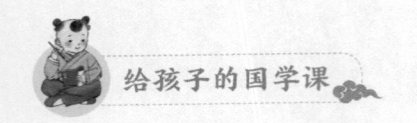

8. 拿出恭敬，收获尊重

故事 程门立雪

宋朝的时候，有一个名叫杨时的中年人，他从小读书就非常用功，23岁时考中了进士，但他不愿做官，觉得自己的学问还不够，于是继续访师求教。当时，程颢、程颐兄弟俩是相当有名的大学问家。杨时先是拜程颢为师，4年后，程颢去世了，杨时听说后悲伤不已，痛哭不止。

为了继续学习，杨时又拜程颐为师，这时他已经40岁了，但对老师还是那么恭敬。有一天，杨时与同学游酢一起去拜见程颐。守门的人说程颐正在睡午觉，杨时二人不忍打扰老师午睡，便一声不响地立在门外等候。

这时天空乌云密布，飘起了鹅毛大雪，而且越下越大。他们站在门外，雪花在头上飘舞，冻得他们浑身发抖，但他们仍旧恭恭敬敬地站在门外等候，不曾离开。过了很长时间，程颐睡醒了，他知道杨时和游酢在门外已经等了很久了，便赶

8. 拿出恭敬，收获尊重

快叫他们进来。这时候，门外的雪已经快没过膝盖了。

杨时和游酢这种对求学的执着、对老师的尊敬，一直受到人们的称赞。也正因尊敬师长、虚心求教，杨时的学业才进步很快，后来终于成为宋朝知名的理学家，很多学生都不远千里地来拜杨时为师。杨时晚年隐居龟山，大家尊称他为"龟山先生"。

评析

恭敬是礼的表现，人如果不懂礼就无法在社会上立身。恭敬也是对自己的严格要求和对待他人的尊重。学会恭敬有礼，自然就能够端正做事的态度，也会得到别人的尊重。我们如果能够用恭敬的态度对待身边的人、对待学习和生活，那么我们遇到的大部分困难都将被克服，进而实现自己的梦想。

知识拓展

从元代起,科举考场上都会挂上"出恭入敬"牌,以防考生擅自离开座位。考生要上厕所必须先领此牌。因此称上厕所为出恭,并谓大便为出大恭,小便为出小恭。

思考

以下哪种情景不是"恭敬"的表现?(　　)

A. 给老师递东西的时候,随意地扔在桌子上。
B. 上课离开教室时,向老师示意并后退出去,轻声开关门。
C. 升旗仪式上,衣装整洁,端端正正。
D. 一笔一画地完成作业,不糊弄。

9. 大志立而后功成

故事　　　　**神医华佗**

华佗从小很喜欢读书，并且很爱钻研，尤其对医术非常感兴趣。在母亲的教育下，小华佗立志成为一名好医生，以救民济世为一生的理想。

后来，华佗的母亲得了一种奇怪的病，忽冷忽热，浑身疼痛，华佗就请来当地很有名气的大夫为母亲治病。但这个大夫并没有多高的医术，耽误了华佗母亲的治疗。母亲病逝前对华佗说："孩子，你要记住，你的父母都是被这种古怪的病折磨死的。我希望你早日学成医术，不要再让疾病伤害更多的人。"

母亲的去世激发了华佗的斗志，坚定了他的决心。他来到城里，找到父亲生前的好友蔡郎中，想要拜蔡郎中为师，学习医术。蔡郎中开始不想收华佗为徒，可是一想，华佗父亲生前是自己的好友，不能不讲情义。所以，他想考考华佗，如果他是一块做大夫的料，就收；如果不是，就不收。

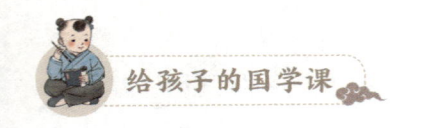

蔡郎中打定主意后，见几个徒弟正在院子里采桑叶，而最高处树枝上的叶子够不到，便向华佗说："你能把最高处的桑叶采下来吗？"华佗知道蔡郎中是在考他，于是坚定地说："能。"他叫人取来一根绳子，在绳子的一端拴上一块小石子儿，用力地往上一抛，绳子借着石子儿的力量缠绕在了树枝上。这时，华佗开始拽绳子，树枝受力被压了下来，于是很容易就采到了桑叶。

蔡郎中又看见两只山羊在斗架，谁也拉不开，于是想趁机再考考华佗，就说："华佗，你能把这两只山羊拉开吗？"华佗又坚定地说："能。"

只见他拔来两把鲜草，放在两只羊的旁边。两只羊早就饿了，一见鲜草，忙着抢草吃，自然散开不斗了。

蔡郎中见华佗竟然如此聪明，就收他为徒了。华佗跟随师父刻苦钻研，注重实践，终于成了一代名医，被世人称为"神医"。华佗没有辜负母亲的期望，实现了自己的理想。

9. 大志立而后功成

评析

人在成长中首先要做的事就是立下志向，只有明确了自己的志向，才能有前进的方向，不会像没了头的苍蝇一样乱飞，不会忘了自己生来的使命，更不会被人带到偏路上去。人立志之后，不管遇到什么困难，都不会懒惰、逃避，而是会有一种不服输的劲头儿，克服种种困难。人的志向，就像昏暗的大海中的一座灯塔，总能引领迷路的船只驶向正确的方向。

知识拓展

志不立，天下无可成之事。——王阳明

有志不在年高，无志空长百岁。——石成金

非学无以广才，非志无以成学。——诸葛亮

思考

下面哪个是真正的立志行为？（　　）

A. 别人是什么志向，我就立什么志向。

B. 今天一个志向，明天一个志向，换来换去。

C. 认真思考之后确立志向，就要坚持不懈朝着目标不断前行。

D. 立下志向之后，并不想着努力去实现。

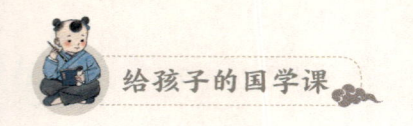

10. 横渠四句惊天地

故事 **范仲淹慧眼识张载**

北宋时期有位理学家名叫张载，他住在陕西凤翔府横渠镇，那里处于北宋和西夏的边界。当时西夏人常常攻打大宋，而大宋朝朝政昏聩，军备废弛，对西夏战争屡次失败，只能每年送给西夏大量的银两、丝绢、茶叶等以换取和平。张载对此事感到愤怒，从小就立志要为国杀敌，收复失地。

直到21岁那一年，张载听说范仲淹在主持西北防务，就带着自己写的《边议九条》去求见范仲淹。在见到范仲淹之后，张载侃侃而谈，讲述自己抗敌的想法。范仲淹作为一方统帅，不但没有轻视这个20多岁的毛头小子，还断定这位年轻人将来能担大事、传正道。他拍了拍张载的肩膀，语重心长地说："你作为一个读书人，应该多在学术上下功夫，而不要只想着从军夺取军功。"

范仲淹这么说并非觉得张载立志为国杀敌不

好，而是范仲淹认为张载的特长不在军事，如果他从事学术研究，将来会有更大的成就。临别时，范仲淹特意送给张载一本自己平时常读的《中庸》，并鼓励他说："希望你以后能成为一代名儒！"

张载牢记范仲淹的教诲，回到家乡，钻研经典，苦读十年，终于学有所成。他看到范仲淹写的《岳阳楼记》后兴奋不已，尤其是"居庙堂之高则忧其民，处江湖之远则忧其君""先天下之忧而忧，后天下之乐而乐"更是成了张载的座右铭。

由于范仲淹的慧眼识英和鼓励，张载从一个喜欢舞枪弄棒的热血青年变成了名垂青史的大思想家和教育家。在范仲淹的基础上，张载将读书人的精神再度提升，提出了著名的"横渠四句"：为天地立心，为生民立命，为往圣继绝学，为万世开太平。

评析

张载又被称为"横渠先生",在范仲淹的影响下,他从毛头小子成长为一代名儒,尤其他提出的"横渠四句",1000多年以来,一直被视为读书人最高的精神追求。"横渠四句"告诫每一个读书人,要有博爱的仁者之心,要不断提升自我、教化世人,要继承孔孟先儒所弘扬的"道",更要以开创太平盛世为毕生的理想。当代的读书人,最应该学习的便是"横渠四句",这才是一个合格的读书人该有的样子。

知识拓展

张载不仅在儒学和《周易》的研究中贡献卓绝,在自然科学研究上也有很大贡献。他不认同古人的"地心说",而是认为天是一个以恒星为中心的,金、木、水、火、土诸星及地球围着恒星运转的整体,这在人对宇宙的认识上是一个历史性的突破。

思考

下面哪种做法不符合张载的主张?(　　)
A. 在生活中,不断地学习并继承先贤所讲的道理。
B. 确定自己的理想时,将赚钱当作唯一的追求。
C. 不断提升自己、完善自己,然后影响身边的人。
D. 把天下人都视作自己的兄弟姐妹,爱护他们。

二、天文地理

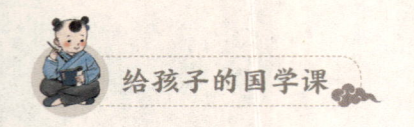

1. "三才"是什么？

故事 盘古开天辟地

很久很久以前，还没有天地和万物，宇宙混沌一片，就像个巨大的鸡蛋一样。这混沌的空间之中，孕育出来一个叫盘古的人。

盘古在这个"大鸡蛋"中睡了很久很久，醒来之后，他发现周围一片漆黑，什么都看不清楚，非常难受，于是就抡起大斧头，朝眼前的黑暗猛劈过去了。一声巨响过后，混沌散开，轻而清的东西不断上升，变成了天；重而浊的东西不断下降，变成了地。天和地分开以后，盘古怕它们还会合在一起，就头顶着天，脚踏着地。

随着天不断升高、地不断下沉，盘古也越长越高。天每日升高一丈，地每日增厚一丈，盘古每日生长两丈。如此经过了一万八千年，天变得极高，地变得极厚，盘古的身体也变得极长，这时候天地不再变化了，盘古也累倒了。

盘古倒下后，他的身体发生了极大的变化。

1. "三才"是什么？

他呼出的气息变成了四季的风和云，他发出的声音化作了隆隆的雷声，他的双眼分别变成了太阳和月亮，他的四肢变成了大地上的东、西、南、北四极，他的肌肤变成了辽阔的大地，他的血液变成了奔流不息的江河，他的汗变成了滋润万物的雨露。

盘古用自己的身体为人们创造了生存的空间，在这空间之中，逐渐诞生了自然万物和人类，并繁衍至今。

天、地、人是宇宙中三个重要的组成部分，于是古人将三者统称为"三才"，这个学说早就融入了中华民族的文化当中，贯穿于日常生活的各个角落，体现了中华民族与自然和谐相处的智慧。

评析

自从人类诞生的那一天开始，各个民族都在探索天、地、人的由来，但得出的结论千差万别，至今也没能出现一个让所有人都认同的说法。中国古人通常会用神话的方式解答这种问题，这既能巧妙地解释各种现象，还有神秘感，不得不说这是一种有趣的智慧。

知识拓展

古代有很多用"三"来总结的说法，诸如三光——日、月、星；三纲——君为臣纲、父为子纲、夫为妻纲；三皇——伏羲、神农、燧人；三王——夏禹、商汤、周武王；三传——《春秋左氏传》《春秋公羊传》《春秋穀梁传》；三易——《连山》《归藏》《周易》。

思考

"三才"不包含哪一项？（　　）
A. 天
B. 地
C. 风
D. 人

2. 星星的运动

故事 　　　　二十八星宿

　　《西游记》中有这样一个故事：唐僧师徒四人西天取经时路过小雷音寺，唐僧见佛必要参拜，但是孙悟空有一双火眼金睛，他一眼就看出来这里其实是妖怪的洞府变化的，奈何唐僧肉眼凡胎看不出来又求佛心切，孙悟空阻拦不住。

　　师徒四人走进小雷音寺，发现里面的如来佛祖是自称"黄眉大王"的妖怪所变，但为时已晚，唐僧、猪八戒和沙和尚三人被妖怪捉住了，孙悟空也被妖怪的法宝金铙困住。揭谛上天请求营救，但诸位神仙都无法打破金铙，最后大家想出了一个方法——二十八星宿中有一位神仙叫亢金龙，他的形态、性情都与龙相似，尤其是头顶的那只金角，非常坚硬。亢金龙将自己的身体变小，把角变得像针一样细，用尽千钧之力，顺着金铙的缝隙插进去。然后孙悟空把金箍棒变作一把钢钻，让亢金龙忍着疼，在他的金角尖儿上钻了个洞，

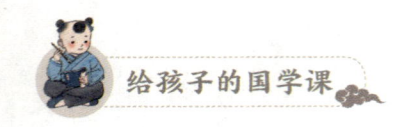

自己再变成芥菜籽大小钻进去，接着大喊："拉我出去！拉我出去！"亢金龙听到喊声，尽全力把角拔出来，孙悟空方才得以脱身。

《西游记》中还讲述了昴日鸡帮助孙悟空打败蜈蚣精的故事，亢金龙和昴日鸡两位神仙，其实是作者吴承恩根据中国古代"二十八星宿"的名字创作的。

古时候，人们没有任何测量温度、预测气候变化的仪器，只能通过观察星星的运行和气候的变化来总结规律。经过长期的观察，人们将所看到的绕黄道、赤道一圈的恒星分为二十八组，就是"二十八星宿"，每组数量不等。然后根据星宿方向分为东、南、西、北四宫，每宫七宿，总共二十八宿，每七宿首尾相连，就像一个动物。角、亢、氐、房、心、尾、箕这七个星宿组成一个龙的形象，春分时节出现在东部的天空，所以称东方青龙七宿，亢金龙就是此宫第二个星宿的名称；斗、牛、女、虚、危、室、壁这七个星宿形成一组龟蛇互缠的形象，春分时节出现在北部的天空，所以称北方玄武七宿；奎、娄、胃、昴、毕、觜、参这七个星宿形成了一个虎的形象，春分时节出现在西部的天空，故称西方白虎七宿；井、鬼、柳、

2. 星星的运动

星、张、翼、轸这七个星宿又形成一个鸟的形象，春分时节出现在南部天空，故称南方朱雀七宿。这也是"青龙、白虎、朱雀、玄武"四大灵兽的出处。

评析

二十八星宿属于最早的天文学，古人把宇宙的全部看作一个整体，人只是其中的一个零件。古人认为星空的变化关系着地上人们的吉凶祸福，灾害和天气都可由天象预兆。古人十分重视星宿的运动，二十八星宿的运动规律，是古代日历的基础，二十四节气也是根据星宿的运动而制定的，有效地指导了人们几千年的生活，祖先的智慧让我们感到骄傲。

知识拓展

牛郎织女的故事中出现的银河，古人也将其称作天河、星汉。古人认为我们中华民族是与星汉一样广博璀璨的。

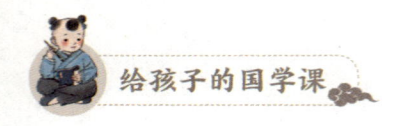

思考

猜一猜,"北斗七星"属于哪个星宿?(　　)

A. 青龙七宿

B. 玄武七宿

C. 白虎七宿

D. 朱雀七宿

3. 太阳兄弟的名字

故事　　　　**天干地支**

相传上古时期，帝俊有三位妻子：羲和、常羲和娥皇。这三位妻子之中，前两位更加为人熟知。

羲和为帝俊生了十个儿子，也就是十个太阳，分别给他们取名为甲、乙、丙、丁、戊、己、庚、辛、壬、癸，安排每天一个太阳轮值，为地球带来阳光，十天一个周期，人们将这十个太阳统称为"天干"。有一天，这十个太阳竟然一起出来玩耍，把大地都晒干了，房屋也被晒成了灰烬，人们非常痛苦。这时，出现了一个年轻英俊的英雄，他叫羿，是个神箭手，被天帝委以驱赶太阳的重任。羿翻过了九十九座高山，穿过九十九片荒漠，来到东海边，登上一座大山。选好方位后，羿拉开神弓，搭上神箭，瞄准天上火辣辣的太阳，一箭接一箭地射去，无一虚发，接连射掉了九个太阳。最后剩下的一个太阳害怕也被羿射死，就老老实实地按照羿的吩咐，为大地和万物继续贡献光和热。

帝俊的第二位妻子常羲生下了十二个女儿，也就是十二个月亮，分别给她们取名为子、丑、寅、卯、辰、巳、午、未、申、酉、戌、亥，人们将这十二个月亮统称为"地支"。不过可能是月亮妹妹不像太阳哥哥一样顽皮，所以没有被人给射下来。

随着时间的推移，人们开始将天干与地支组合来记录日期或者进行数术计算。天干和地支两两相配，从"甲子"开始到"癸亥"共有60种组合。我国古代使用最广泛、最科学的干支历，就是以天干地支命名的。

评析

关于天干地支的起源，至今说法不一，上文是《山海经》中所记载的神话故事，很神秘，但不现实。更贴合实际的说法是：在上古时期，炎黄部落观察太阳的变化制定"火历"，将一年分为十个月，以十天干来命名；而蚩尤的九黎部落则是观察月亮的变化，将一年分为十二个月，以十二地支来命名。在炎黄打败蚩尤之后，人们逐渐废除一年十个月而改用一年十二个月，天干和地支便融合在一起了。这一过程，被人们神化成了"羿射九日"和"嫦娥奔月"的故事。

无论哪种说法，干支纪元法都是我们的祖先对自然的高级解读，体现了中华民族先祖的智慧。

3. 太阳兄弟的名字

知识拓展

干支历平年一年365天,闰年366天,四年一闰。干支历采用"天干"和"地支"的组合作为记录格式,据说黄帝登基的时候是第一个甲子年甲子月甲子日甲子时,而后每60年一个轮回。

思考

下面哪个说法是不正确的?(　　)
A. 十天干包括丙、丁、戊、癸
B. 十二地支中包括子、丑、寅、卯
C. 十二地支的诞生与月亮没有关系
D. 十天干的诞生与太阳有关系

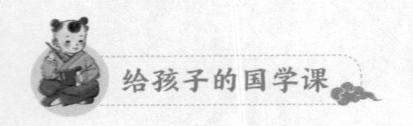

4. 五位神仙

故事　　　　五行理论

上古时期，有一个小孩子名叫黎，是氏族首领的儿子。黎从小就喜欢玩火，喜欢火的光亮和温度，但那个时候，燧人氏刚发明钻木取火没有多长时间，人们还不能熟练地使用和保存火。

有一次，黎跟随父亲带领族人转移到更适合生存的地方，因为带着火种走路不方便，就只带了钻木取火用的石头。等到晚上，大家需要用火的时候，黎却怎么也取不出火来，气得他将取火的石头用力向山上扔去，哪知道石头从山上滚下来的时候，竟然磕碰出了火星。这让黎很是欣喜，他立即想出了取火的办法。黎找来已经晒干的花瓣和茅草，用两块火石使劲儿地敲击几下，火星溅到花瓣和茅草上，他再用嘴轻轻一吹，火就燃烧起来了。后来此事传到了黄帝的耳中，黄帝便封他为火正官，并赐名祝融。

在黄帝与蚩尤的战争中，祝融用火攻的方法

把蚩尤的士兵烧得焦头烂额，仓皇溃败。黄帝乘胜追击，最终打败了蚩尤。祝融立了大功，黄帝为了重赏他，就命他来掌管天下的火，久而久之，祝融就被人们尊为火神。

火神祝融与水神玄冥、金神蓐收、木神句芒、土神后土等五位神仙，深受上古先民的尊重，因为他们掌管着与人民生活最相关的事宜，所以很多人都会去祭拜这五位神仙。

其实这五位神仙都是人们构想出来的，是"金、木、水、火、土"的化身。古人把宇宙万物划分为木、火、土、金、水五种属性的事物，并叫它们为"五行"。后人又创造了五行"相生相克"的理论，五行相生关系为：木生火，火生土，土生金，金生水，水生木。五行相克关系为：木克土，土克水，水克火、火克金、金克木。

"五行学说"应用于生活中的很多方面，比如在医学中，五行分别对应五脏：肝属木，心属火，脾属土，肺属金，肾属水。

评析

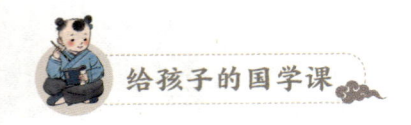

中国古人将宇宙万物根据属性的不同而分成了五大类别。中华文化中的五行是相互配合的，是一种和谐的思想，是中华文化独有的智慧。

知识拓展

五行与五彩、五谷、五音的对应如下：
五行——金、木、水、火、土
五彩——黄、青、赤、白、黑
五谷——稻、麦、黍、菽、稷
五律——宫、商、角、徵、羽

思考

将左、中、右的事物按同一类别连线。

木	火苗	刀剑
火	树木	太阳
土	金子	小草
金	雨水	血液
水	木灰	大地

5. 大地的骨骼

故事　　　三山五岳

传说周武王在姜子牙的辅佐下建立了周王朝后，为了奖赏帮助他的功臣们，决定将天下的土地分封给他们，自己则踏实地做个清闲的天子。而这个分封的大权，周武王自然交给了他最信任的丞相——姜子牙。

姜子牙分封诸侯时，把全国的名山大川、风水宝地都封尽了，只留下了一座泰山。因为姜子牙知道泰山气势磅礴，风景秀美，是个游玩、居住的好地方，所以他想在最后的时候把泰山封给自己。可让姜子牙没有想到的是，正准备封自己的时候，大将黄飞虎找上门来，非要姜子牙把泰山封给他。姜子牙自然是不愿意，两个人正在争执的时候，黄飞虎的妹妹黄妃找来了，也想要泰山。三人都曾有过很大的功劳，这下姜子牙难办了。

思来想去，姜子牙决定自己不要泰山了，至于黄飞虎和他妹妹的争执，让他们俩自己去解决

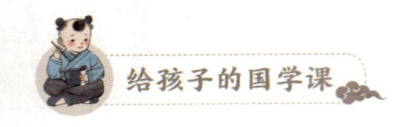

吧！他对黄飞虎兄妹二人说："好了二位，你们不要再争了，为了公平起见，你们谁先登上泰山，泰山就封给谁。"二人听后表示同意。黄飞虎认为凭自己一身气力，肯定能比妹妹先登上去，黄妃也没有退却，一口应允了。

比赛日期一到，黄飞虎便骑上他的麒麟，日夜兼程，直奔泰山。黄妃自知只靠体力肯定会输掉比赛，于是比赛一开始，她就用法术将自己的一只鞋子扔到泰山顶上，然后不慌不忙地向山顶进发。等到黄妃爬上泰山，黄飞虎早就站在南天门上等着了。

他见到妹妹上来，便对她说："怎么样，这回该服气了吧？"

谁知黄妃答道："其实我早就到了，我看你还没到，以为你在路上出了什么事，所以就回去找你了。"

黄飞虎有些不高兴了，说："你不要胡搅蛮缠，你有证据吗？"

黄妃拉住哥哥的手就往山顶走，指着地上的鞋子说："你看，我就怕你怀疑，所以脱了一只鞋子放在这儿做标记。"

黄飞虎当然看出来是妹妹在作弊，但他想，

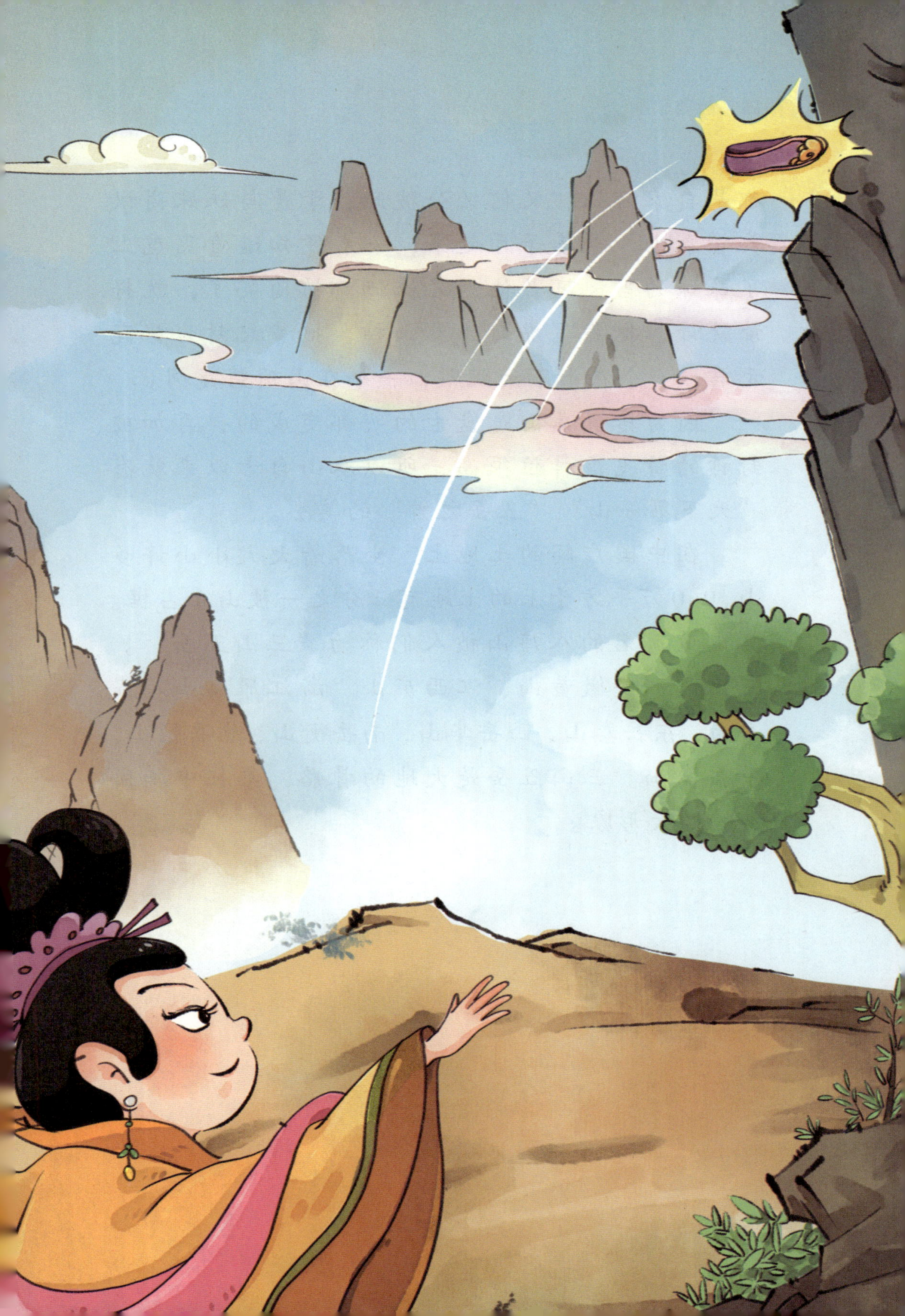

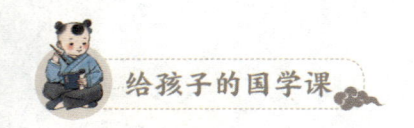

都是自家兄妹，又何必分彼此，于是与妹妹商议共管泰山。等姜子牙赶来，一看便知道黄飞虎上了妹妹的当，可是他见兄妹俩都协商妥了，就将计就计，把黄飞虎封为泰山神，把黄妃封为碧霞元君，一个在山下天贶殿，一个在山顶碧霞祠。

因为传说泰山是盘古的头部变成的，再加被封神的黄飞虎神位很高，所以泰山自古以来就有"天下第一山""五岳之首"的美誉。

在中国广阔的土地上，坐落着大大小小许多山，960万平方千米的土地有三分之一被山丘占据。其中最有名的八座山被人们称为"三山五岳"。三山为：安徽黄山、江西庐山、浙江雁荡山。五岳为：东岳泰山，西岳华山，南岳衡山，北岳恒山，中岳嵩山。三山五岳是大地的骨骼，象征中华民族的高大形象。

5. 大地的骨骼

评析

中国境内的名山大川数不胜数。在中华文化中，山并非只是自然景观，同时也是文化的载体，无数的山川孕育了我们的文明，这值得中华儿女骄傲。三山五岳是中华民族的摇篮，是华夏祖先最早定居的地方，对中华民族的历史文化有着重要的意义。

知识拓展

成语"五湖四海"类似于"三山五岳"，五湖分别指江西的鄱阳湖、湖南的洞庭湖、江苏的太湖与洪泽湖以及安徽的巢湖；四海分别指渤海、黄海、东海以及南海。

思考

将五岳与对应的山名连线。

东岳　　华山
西岳　　嵩山
中岳　　衡山
南岳　　恒山
北岳　　泰山

6. 大地的血液

故事　　　　　　两条巨龙

传说远古时，在须弥山外的青涧洞里住着两条龙，一条青色，一条黄色，它们很善良，常常与为祸人间的"魍魉"作战。

有一年，天下大旱，眼看庄稼就快旱死了，掌管土地山川的神仙们纷纷向天界告急求救，如来佛知道两条龙的存在，便派青黄二龙来到人间帮助百姓。经过一番探察，青黄二龙发现又是"魍魉"在人间作怪，它们让子孙在人间放火，还用魔力扰乱人心，使人们生了一种怪病，只有做坏事才能缓解痛苦。

青黄二龙决定替人类除去妖魔，于是它们变成两个和尚，先去除人们心中的魔法，使人们恢复正常。"魍魉"听说有人破了它们的法术，便派手下的鳄鱼精和蛤蟆精变成病人来探听虚实。哪料想，青黄二龙早就发现了它们。经过一番打斗，鳄鱼精被打伤，蛤蟆精趁机逃了回去。蛤蟆精告诉"魍魉"是青黄二龙在拯救人类。

6. 大地的血液

"魍魉"大怒，亲自带妖兵前来挑战。青黄二龙各施法术，与妖兵大战七天七夜，打得妖兵落花流水。"魍魉"发现打不过青黄二龙，就想出了一个歹毒的方法。"魍魉"将妖兵排列成两条长蛇似的火阵，从两边向中间挤过来，火阵所过之处，万物都被烧成焦土，烧死了很多人和牲畜。大战了好几天，已经非常累了，看到火阵时，青黄二龙用尽最后一丝力气，化成青黄两条冰凉的大河，分别迎着两条火蛇而去。用了三天，青黄二龙终于用自己的身躯扑灭了两条火蛇。消灭了恶魔，青黄二龙也耗尽了元气，渐渐地嵌入地下，形成了长江与黄河。

长江发源于青藏高原的唐古拉山脉，流经青海、西藏、四川、云南、重庆、湖北、湖南、江西、安徽、江苏等省市自治区，在上海市入东海，全长6300千米，是中国第一大河。黄河发源于青藏高原巴颜喀拉山北麓的约古宗列盆地，东流经四川、甘肃、宁夏、内蒙古、陕西、山西、河南等省区，在山东省入渤海，全长5464千米，是中国第二长河。上述传说，一直流传在黄河和长江流域，虽然并不真实，但人们愿意以感恩之心对待养育了中华民族千年之久的母亲河。直到今天，长江和黄河两岸的中华儿女，仍靠江河的养育而生生不息。

评析

长江与黄河两条母亲河，千百年来给了中华儿女无尽的养分和动力，因此我们要好好地保护她们，让她们能够长久地流淌下去，继续滋养我们的子孙后代。万物生存离不开水的哺育，人类文明的延续也离不开水的滋养，世界上很多河流被称为"母亲河"，不论长短，不论贫贱，她们都在哺育着自己的花朵。

知识拓展

中原，最早指以洛阳至开封一带为中心的黄河中下游地区。这里是中华文明的发祥地，是中华民族的摇篮，被视为天下的中心。中原地区是中国建都朝代最多、建都历史最长、古都数量最多的地区，先后有20多个朝代，300多位帝王建都或迁都于此，自古就有"得中原者得天下"之说，逐鹿中原，方可鼎立天下。

思考

下面哪句诗词不是描写黄河的？（　　　）
A. 白日依山尽，黄河入海流。
B. 黄河远上白云间，一片孤城万仞山。
C. 欲渡黄河冰塞川，将登太行雪满山。
D. 水光潋滟晴方好，山色空蒙雨亦奇。

7. 为何用"九州"代指天下

故事 **禹划九州**

在舜帝继位之后,他碰到的第一个问题就是治理水灾。他将原来治水没成功的鲧免去职务,流放到羽山,后来鲧就死在了那里。相传,鲧死后尸体三年不腐,有人用刀将尸体的肚子剖开,就生出了禹,随后鲧化作黄龙飞走了。

舜帝在大臣们的推荐下,把治水的任务交给了禹。禹是一个贤良的人,他没有因为父亲受罚而记恨舜,而是欣然接受了这一任务。他暗暗下定决心:"我的父亲没有治理好水灾,没有解决人民的苦难,我一定要努力地治理水灾。"

禹带领着伯益、后稷和一批助手,跋山涉水,走遍了当时中原大地的山山水水,很多没有人烟的地方都留下了他们的足迹。看到无数人民被洪水淹死,禹一次次在那些流离失所的人民面前流下眼泪。

他的治水方法是把整个中国的山山水水当作

一个整体来治理,先治理土地,该疏通的疏通,该平整的平整,使大量贫瘠的地方变成肥沃的土地。然后治理山,就是要疏通水道,使水能够顺利往下流,不至于堵塞水路。山路治理好了以后,他就开始理通水脉,长江以北的大多数河流都留下了他治理的痕迹。

禹治水一共花了13年,他三过家门而不入,终于将水患彻底清除,农田变成了米粮仓,人民过上了幸福的生活。

有了治水的经历,天下没有人能比禹更了解大地的山川河流。于是,禹在治水之后,根据山川地理情况,将中国分为了九块,称作"九州",分别是冀州、青州、徐州、兖州、扬州、梁州、豫州、雍州、荆州。

评析

在中华民族的历史上,在没有先进仪器的情况下,我们的祖先能够将山川河流的分布观察得如此清晰,实在值得赞叹。虽然现代人已经不再沿用"九州"的方式进行行政区域划分,但在很多地方依然有痕迹存在,比如江苏徐州、扬州和湖北荆州仍然保留着古代文明的痕迹,"神州"的称谓也依然鼓舞着中华儿女。

7. 为何用"九州"代指天下

知识拓展

后来禹成为夏朝的开国君主,命令九州贡献青铜,铸造了九个鼎象征九州,将九州的名山大川、奇异之物刻于九鼎之上,并将九鼎摆放在夏朝的都城。自此,九鼎成为国家统一的象征。成语"一言九鼎"正是出于此处,形容一个人的言辞极有分量。

思考

下面哪句诗与古代九州无关?(　　)
A. 故人西辞黄鹤楼,烟花三月下扬州。
B. 天下三分明月夜,二分无赖是扬州。
C. 二十四桥明月夜,玉人何处教吹箫。
D. 至今思项羽,不肯过江东。

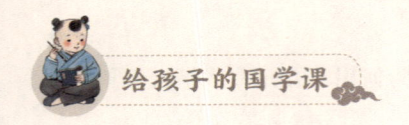

8.《山海经》中的世界

故事 《山海经》

已经不知道多久以前了,相传有一个人曾到过大地的很多地方,他发现大地南方的第一个山系叫作鹊山山系,而鹊山山系的头一座山是招摇山,就屹立在西海岸边。招摇山上不仅生长着许多桂树,还蕴藏着丰富的金属矿物和玉石。山中有一种草,形状长得像韭菜,能开出青色的花朵,草的名字叫祝余,他顺手摘了一片尝了尝,就不觉得饿了。

他还发现山中有一种树木,形状像构树,但树干呈现黑色的纹理,能发出强烈的光芒,名称是迷谷,人们将迷谷树枝佩戴在身上,无论走到哪里都不会迷失方向。

他在山中闲逛的时候,突然跑出来的一只野兽吓了他一跳。这种野兽长得很像猿猴,但耳朵是白色的,既能爬行,又能像人一样直立行走。这种野兽叫狌狌,据当地人说,吃了它的肉,人

8.《山海经》中的世界

能走得飞快。

他快要爬到山顶的时候，发现了一条河流，经过打听知道，这条河流叫丽麂水，发源于这座山，往西流入大海。水中有许多叫育沛的东西，人们将它佩戴在身上，就不会再生蛊胀的病。

在游览完鹊山之后，他继续向东走300里，又碰见了一座山，叫堂庭山，山上生长着棪木，郁郁葱葱，树林之间奔跑跳跃着很多白色的猿猴。山中有很多晶莹剔透的石头，他仔细一看，原来是水晶石，非常珍贵。除了水晶石之外，他还发现地下埋藏着很多黄金，不过他什么都没有带走，只是自顾自地欣赏风景。

在堂庭山欣赏完风景之后，他又往东走了380里，到达了猨翼山。这座山很奇怪，山上有许多怪异的野兽，水中有许多怪异的鱼，地下虽埋藏着白色玉石，但是也藏着很多蝮，想采玉没有那么容易。长得奇奇怪怪的树上盘着很多奇怪的蛇，走路都要小心翼翼的，他下山之后告诉人们，这座山比较危险，人是不可以上去的。

他一路边走边看，既游玩了，又勘察了山川地理。他走过了大江南北许多地方，记录了很多奇怪的物种和故事。相传，后来人们把他记录的

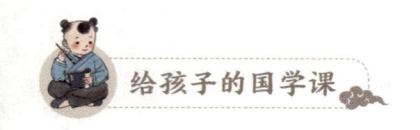

所见所闻整理成了一本书——《山海经》。《山海经》的主要内容为民间传说中的地理知识，包括山川、道里、民族、物产、药物、祭祀、巫医等，保存了不少远古神话传说，对古代的历史、地理、文化、中外交通、民俗、神话等研究均有参考价值。

评析

《山海经》有一套属于自己的地理体系，让人惊讶的是很多地方与现代地理又能对应得上，而且记载了很多人们熟知的神话故事，一直是古代儿童的启蒙读物。其实《山海经》的诞生本身就是个传说，到底是什么时候写的、谁写的、书中记载的是否真实，至今也没人能够解答。很多人认为《山海经》记载的内容是真实存在的，并且在生活中能够找到对应的实物，只是名称不同了，比如有人认为鹊山山系就是南非的十二门徒山，还有人说是广西的苗儿山。也许未来有一天人们能够将它解析出来，也许《山海经》永远是个谜题，但这都不影响《山海经》一书给人们生活带来的重大影响。

8.《山海经》中的世界

知识拓展

《山海经》共十八卷,约三万一千字,由《山经》与《海经》两部分组成,与《易经》《黄帝内经》并称为"上古三大奇书"。

思考

下面哪个说法是正确的?(　　　)

A.《山海经》是一部记载科技的书。
B.《山海经》记载了山川地理知识。
C.《山海经》的作者已经被确定。
D.《山海经》成书于现代。

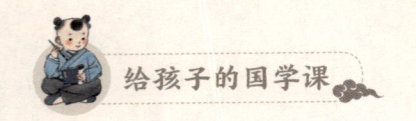

9. 取经的和尚

故事　　**玄奘西行**

　　玄奘是唐朝时期著名的高僧，他的本名叫陈祎，13岁就在洛阳净土寺出家做了小沙弥。玄奘天生聪慧，对佛法有极高的领悟力，随着不断学习，他发现当时的法师们所说不尽相同，甚至互相矛盾，现有的佛法经典也无法解答他的疑惑，于是他产生了去往佛教的发源地天竺求法的想法。他向朝廷提出申请，那时李世民刚当上皇帝，不允许百姓随意出境，所以玄奘并未得到允准。同年秋天，长安所在的关中地区遭受霜害，朝廷允许百姓四处求食，玄奘趁此机会准备偷越出境。

　　贞观三年【627年，一说贞观元年（625年）】，他从长安出发，途经高昌王城、屈支、凌山、素叶城、迦毕试国等100多个国家，路过沙漠时因为缺水，差点就死在了沙漠里。不过他信念坚定，用了五年的时间，终于抵达了摩揭陀国的那烂陀寺，跟随戒贤法师学习佛法。玄奘本就悟性极高，

9. 取经的和尚

再加上戒贤法师的指点,用五年的时间学有所成,便开始在天竺研习、讲学。

后来戒日国王以玄奘为论主,在曲女城召开佛学辩论大会,有18个国王、3000个佛教学者和外道2000人参加。当时玄奘讲论,任人提出疑问,竟然没有一个人能够难住他,他的名声便在天竺流传开来。

贞观十九年(645年),玄奘带着佛经返回长安,此次取经之路长达17年之久、5万里之遥。长安的人们听说玄奘取经归来的时候非常兴奋,佛教弟子和百姓们都站在道路两边欢迎他,皇帝李世民也亲自召见他,并请他赶快将佛经翻译成汉语传播给唐朝的百姓。

在翻译经书的过程中,他还口述了17年的西行经历,由门人辩机记录下来,并编订成《大唐西域记》。书中记述了玄奘西行并周游五天竺所亲历的110个国家、得之传闻者28个国家的地理位置、佛教古迹、有关历史传说和当时佛教状况,以及各地山川、城邑、物产、习俗等。《大唐西域记》是研究中亚、南亚地区古代历史、地理的重要文献。

评析

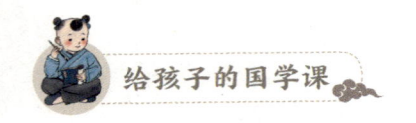

玄奘不仅对佛学的发展贡献很大,他还是位旅行家,在当时人们活动范围还相对狭小的时候,他的足迹就已经遍布天竺,他所口述的《大唐西域记》记载了中国周边很多地区的地理地貌特点,是人们了解周边国家地理的重要文献。

知识拓展

明代文学家吴承恩撰写的《西游记》就是根据《大唐西域记》进行创作的,是中国古典四大名著之一。名为"西游记"的著作还有另外两部:一是丘处机弟子李志常撰作的《长春真人西游记》,二是杨景贤的杂剧《西游记》。

思考

下面哪个说法是不正确的?(　　)

A. 玄奘13岁出家做了沙弥。
B. 玄奘西行途经了100多个国家。
C. 玄奘是位旅行家。
D. 玄奘是皇帝派到印度去的。

10. "走断腿"的行者

故事 千古奇人徐霞客

明代有一位著名的地理学家,名叫徐弘祖,号霞客,出生在江苏的一户地主家庭里。徐霞客家境比较富裕,他家后园建有一座藏书楼,徐霞客小时候非常喜欢读书,经常在藏书楼里彻夜苦读。

可是有一段时间,他迷恋上了志怪小说,相信世间真有腾云驾雾的神仙,一个劲儿地要找仙人学法术。

有一天早晨,他瞒着父母偷偷跑出了家门,一路向北去寻找神仙,可找了一整天,也没有见到神仙的影子。傍晚的时候,徐霞客又饿又累,就找了块石头准备躺下休息一会儿。忽然,他看到远方走来了一位老人,须发皆白,但面色红润。他想:"这不就是书中说的神仙嘛!"

徐霞客惊喜万分,连忙走到老人面前,恭恭敬敬地跪下说:"老神仙,请收我做徒弟吧!"

老人一听，哈哈大笑道："小朋友，你认错人了吧，我哪是什么神仙！"

徐霞客并不相信老人的话，老人不答应，他就不起来。

老人也拿他没办法，就跟他说："孩子，看来你是不见神仙不罢休了，我虽然不是神仙，但我知道神仙在哪儿，他刚从这里向南走了，你赶紧去追吧！"

徐霞客赶忙问他："神仙长什么样子啊？"

老人边捋着胡须边说："这个神仙很奇怪，她倒拖鞋子反穿裙，眼泪汪汪笑盈盈。"

徐霞客也没听太明白，向老人鞠了一躬匆匆向南追去，追了很久，竟然到了自己家门口。他很失落，有气无力地敲响了家门。门一开，徐霞客惊呆了，因为站在面前的母亲，竟同老人讲的神仙一模一样。原来，这是老人怕小徐霞客走丢了，才故意叫徐霞客往南追神仙，意在让他回家，别再走丢了。巧合的是，徐霞客的母亲一整天都没有看到孩子，非常着急，听见有人敲门，慌乱之下把鞋和裙子都穿反了。

徐霞客恍然大悟，从此以后，他再也不沉迷于志怪小说，而是开始阅读古今历史、地理经典。

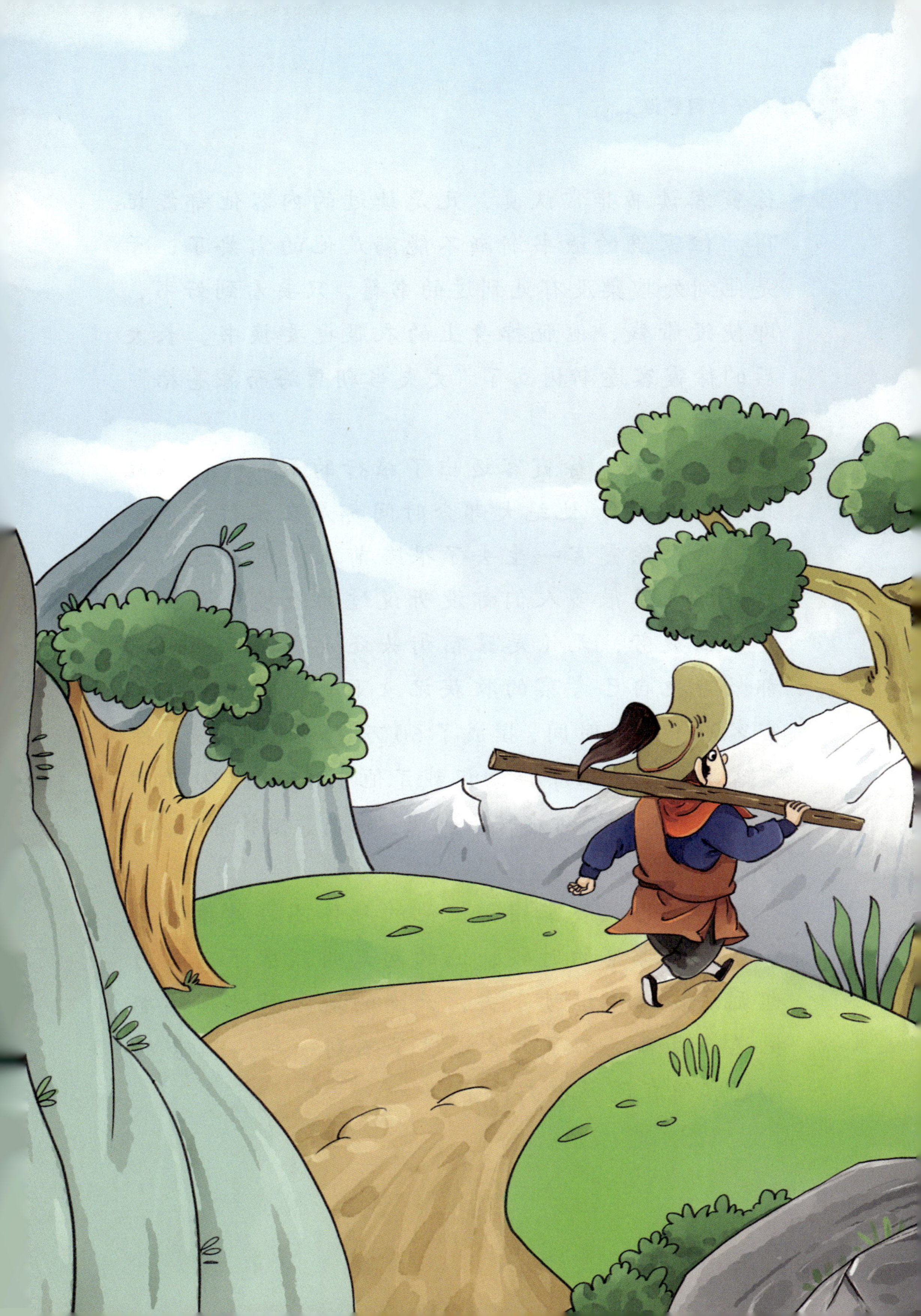

徐霞客读书非常认真，凡是读过的内容他都能记得。但家里的藏书渐渐不能满足他的需要了，于是他到处搜集没有见到过的书籍，只要看到好书，即使没带钱，他脱掉身上的衣服也要换书。长大后的徐霞客逐渐树立了"丈夫当朝碧海而暮苍梧"的旅行大志。

22岁时，徐霞客迈出了旅行的第一步，而且此后30多年，他绝大部分时间都是在旅行考察中度过的。徐霞客一生去了很多前人没有去过的地方，探索了很多人们都没听说过的险境。而且无论多么疲劳，无论是露宿街头还是住在破庙，他都坚持把自己考察的收获记录下来。就这样，徐霞客用了多年时间，撰成了60万字的地理名著《徐霞客游记》，书中详细记载了他1613—1639年间旅行观察所得，对水文、地理、地质、植物等现象，均做详细记录。

多年的风餐露宿，使他的身体不再健康。后来在云南考察的时候，他的两只脚残废了，心力也无法支撑他继续下去，云南的地方官就用车船把送徐霞客送回了老家。过了不到一年，54岁的徐霞客便在遗憾中去世了。

10. "走断腿"的行者

评析

徐霞客是中国古代最著名的地理学家。在30多年的旅行考察中，他多靠双脚行走，很少骑马乘船，经常自己背着行李赶路。他寻访的多是穷乡僻壤，或是人迹罕至的边疆地区，甚至多次遇到生命危险，可谓吃尽了苦头。但也正是如此，中国的山川大地上很多不为人知的地方才逐渐被人们知晓。他坚毅的品质值得我们学习，他所做出的贡献值得我们骄傲。

知识拓展

将双脚残废的徐霞客送回老家的人叫木增，他是云南纳西族木氏家族的土司。木增派一行人跋山涉水、日夜兼程，历时156天才将徐霞客安全送达，徐霞客因此也与纳西人结下了生死情谊。

思考

下面哪个说法是不正确的?（　　）

A. 徐霞客小时候读书非常用功，尤其喜爱读地理书籍。

B. 徐霞客真的看见了神仙。

C. 徐霞客一生到过很多没人知道的地方。

D. 徐霞客是著名的地理学家。

三、历史掌故

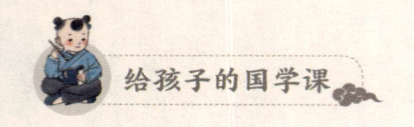

1. 三千越甲可吞吴

故事 卧薪尝胆

春秋时期，吴国和越国是相邻的国家，经常发生战争。有一次吴王阖闾率兵攻打越国，战乱中被越国大将砍中了右脚，重伤身亡。吴王死后，他的儿子夫差继位，夫差一直有一个打算，就是灭了越国，报杀父之仇。

通过夫差的努力，吴国变得兵强马壮。公元前494年，吴、越两国在夫椒交战，吴国大获全胜，越王勾践被迫逃跑。夫差紧追不舍，准备一举灭掉越国。勾践手下有个叫文种的大臣，建议勾践用金银财宝和美女贿赂夫差的宠臣伯嚭，让伯嚭替他求情，争取能活下来。果然，在伯嚭的劝谏下，吴王最终答应了越王勾践的求和。

越王勾践投降后，便和妻子一起来到了吴国。夫妻俩就住在夫差父亲坟墓旁的石屋里，负责看守坟墓和养马。勾践为了让夫差相信自己的忠心，想尽了一切办法讨好夫差。他将越国的美女西施

1. 三千越甲可吞吴

送给夫差做妃子；夫差每次出游，勾践总会替夫差拿着马鞭在一旁伺候；甚至在夫差生病的时候，亲自去尝夫差大便的味道，以便来确定夫差病愈的日期。勾践三年的忍辱负重，让夫差认为勾践真心归顺了他，就把勾践夫妇放回了越国。

受尽侮辱的勾践回国以后，立志要报仇雪恨。为了不忘记所受的屈辱，他命人捡来柴草当作自己的床，还在床头挂上一颗苦胆，每天起来都要舔一舔，时刻提醒自己，不要忘了国耻和自己受过的苦。经过勾践与越国人民十年的艰苦奋斗，越国终于由弱国变成强国，攻克了吴国的都城，俘虏了夫差。夫差被俘虏的时候已经年迈，无法再做勾践的奴隶，复国更是没有机会，于是便拔剑自刎了。

评析

"吴越争霸"是春秋末期非常重要的历史事件，两国之间经常发生战争，伍子胥、文种、范蠡等名臣及位列四大美女之一的西施都在这场争斗中起到了关键的作用。"卧薪尝胆"一举，是知耻而后勇，足以证明勾践的志向远大和刻苦自励，这份坚毅的品质值得我们学习。

知识拓展

1965年湖北省荆州市荆州区望山楚墓群出土了一把青铜剑，剑身刻有铭文：越王勾践自作用剑。现收藏于湖北省博物馆，这把剑虽然在地下沉睡了2000多年，但依然锋利。

思考

下面哪件事与勾践无关？（　　　）

A. 勾践曾两次大败吴国。
B. 勾践做过夫差的奴隶。
C. 被伯嚭欺骗。
D. 卧薪尝胆。

2. 一纵一横

故事　**苏秦刺股**

战国时期，中原大地上有七个强国，被后世称为"战国七雄"，七国之间争战不断，都想要消灭其他六国而一统天下。这一时期有个叫苏秦的人，曾跟随鬼谷子学习"纵横捭阖"之术，小有所成。

年轻的苏秦凭借自己的学识和口才游说当时最强大的秦国，希望得到重用。但是苏秦十次上书秦王，阐述自己的治国方略，都没有被采纳。屡次被拒绝的苏秦决定离开秦国，开始游说六国联合攻打秦国。为了实现这个目标，他把仅有的家产变卖了当路费、购买衣物和车马，可是几年下来，仍然没有人接受他，当所有的钱财用完了，他只好落魄地回到老家。

父母原以为苏秦变卖家产定能换来一个光明的前程，至少能当上一个小官，谁承想，他什么也没得到，像个乞丐一样回了家，父母感到很失

望，骂他是个没出息的孩子；他的妻子也不理他，不给他做饭吃；他想向嫂子要点饭吃，嫂子也拒绝给他做饭。

苏秦饱尝了人间冷暖，不禁暗自流下眼泪，感叹道："现在我一身贫寒，妻子不认我，嫂子不认我，就连父母都不认我了，这不怪他们，都怪我自己没有本事啊！"

感慨之后，他决定发奋读书，让自己强大起来。于是他从十几箱书中翻出来一本《太公阴符》，曾经有人说过，只要认真钻研此书，定会有很大的长进，于是苏秦便开始钻研这本书中的道理。

苏秦从此足不出户，不分白天黑夜，非要钻研出个结果不可。晚上实在困得受不了了，他就将锥子刺入自己的大腿，让疼痛使自己变得清醒，然后继续全神贯注地读书。一年后，苏秦终于将书中的道理读懂了，再结合之前游说六国的经历，他已对天下局势了如指掌。

苏秦胸怀大志，再次告别父母去游说各国。这一次，他终于取得了六国的信任，使他们接受了他的联合主张。他同时担任六国的宰相，管理六国的臣民，共同抵抗秦国。这个策略叫作"合纵"，使得秦国十五年不敢向东侵略六国。

2. 一纵一横

苏秦有个同学叫张仪，也是鬼谷子的学生，后来做了秦国的宰相。张仪为了帮助秦国摆脱六国的限制，提出了"连横"的策略，还凭借自己游说的本事，将东西方的强国联合起来，打破了"合纵"联盟，使秦国再次获得主动，为后来秦始皇统一天下做足了准备。

评析

"合纵连横"是战国中期产生的一种外交策略，"合纵"与"连横"相互角力，使战国时期风云变幻。在这场角力之中，苏秦、张仪二人显示出了卓越的才能。而这种才能来自他们超乎常人的努力，苏秦刺股的勤学精神，可称为后世的典范。

知识拓展

《汉书》中记载："孙敬也是个好学的人，读书不分昼夜，实在疲劳的时候，就用绳子把头发吊在房梁上，保持清醒。"后人将苏秦与孙敬二人的故事总结为一个成语——悬梁刺股，用以激励人发愤读书学习。

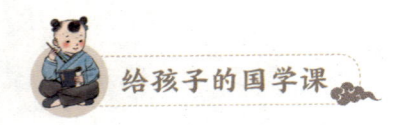

思考

下面哪个说法是错误的?（　　）
A. 苏秦是个读书非常刻苦用功的人。
B. 苏秦与张仪都是鬼谷子的学生。
C. 苏秦提出了"合纵"的策略。
D. 苏秦不曾兼任六国宰相。

3. 史上第一个皇帝

故事 荆轲刺秦王

战国末期，秦王嬴政开始逐一攻打韩、赵、魏、楚、燕、齐六国，目标是统一天下。在秦国的将军王翦攻破赵国之后，赵国北边的邻居燕国就感到害怕了。

燕国的太子丹知道燕国的军队根本无法抵抗秦军，要想阻止秦国的进攻，只能暗中刺杀秦王嬴政。于是太子丹请来当时著名的勇士荆轲，请求他去刺杀秦王。荆轲同意了太子丹的请求，但是荆轲说："我现在去面见秦王，如果没有凭信，秦王不可能让我接近他，所以我需要三件东西。一是秦王用一千斤金和一万户人口的封地作悬赏来购取的樊於期的头颅；二是燕国督亢一带的地图；三是一把锋利的匕首。有前两样东西，秦王一定会召见我，在我靠近他之后，我再用匕首刺死他。"

樊於期是从秦国逃到燕国的将军，太子丹不

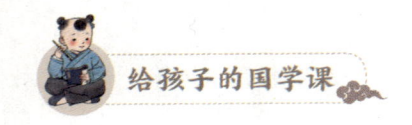

忍杀他，于是荆轲找到樊於期说明缘由，没想到樊於期当即拔剑自刎。太子丹很是痛心，但事已至此，只能将樊於期的头颅装在匣子里，给荆轲带走。太子丹还为荆轲寻到了一把锋利的匕首，并把毒药浸到匕首上，只要秦王嬴政被刺到，必死无疑。一切准备妥当，太子丹又为荆轲安排了一个助手，即燕国的勇士秦舞阳，据说他12岁的时候就杀过人，人们都不敢正眼看他。

在易水河畔，太子丹和宾客们穿着白衣、戴着白帽为荆轲送行。荆轲的好朋友高渐离为他击筑，荆轲唱道："风萧萧兮易水寒，壮士一去兮不复还！"唱罢荆轲就上车离去，始终不曾回头看一眼。

到了秦国之后，秦王果然同意接见荆轲。可见到秦王后，秦舞阳被秦王的气势吓得腿都哆嗦了，荆轲怕秦王怀疑，就自己捧着匣子和地图靠近秦王。荆轲拿了地图捧送给秦王，并慢慢地打开地图为秦王展示，等到地图全部打开的时候，藏在里面的匕首就露了出来。荆轲左手抓住秦王的衣袖，右手拿着匕首刺秦王。秦王非常警觉，匕首还没有刺到他的身上，他就自己挣扎着站了起来，扯断袖子逃脱。秦王的佩剑很长，危机之下，很难立即拔出来，只能慌忙逃窜，荆轲也穷追不舍。

按照秦国的法律，在殿上侍奉的臣子们，不能带兵器，侍卫没有秦王的命令又不能上殿，所以秦王只能赤手空拳对付荆轲。大臣们都惊慌失措，就对秦王喊："大王负剑于背！大王负剑于背！"秦王听到后赶忙把佩剑绕到身后，拔出剑来，砍断了荆轲的左大腿。荆轲倒下了，就举起他的匕首投击秦王，却没有击中。秦王继续砍击荆轲，荆轲被砍伤了八处，像簸箕一样地张开两腿坐在地上，最后被侍卫斩杀。

荆轲刺杀秦王没有成功，反而给了秦王进攻燕国的理由。秦王很快就打败了燕国，继而又打败了齐国，统一了天下。

秦王嬴政认为自己的功绩千古未有，甚至高于三皇五帝，于是他便从"三皇五帝"中取出两个字，为自己的身份命名，这就是"皇帝"称呼的由来。在此之前，天下共主称"天子"，在此之后就叫"皇帝"了。嬴政叫自己"秦始皇"，意思是秦朝的第一个皇帝。他还命丞相李斯雕刻了传国玉玺，这样做是因为他一直有个梦想，那就是秦朝的江山能够千代万代地传承下去。可是，他万万没想到，在他去世之后不到五年的时间，

秦朝就被推翻了，总共也才存在了15年。

评析

秦始皇是中国历史上第一个使用"皇帝"称号的君主，奠定了中国两千余年政治制度的基本格局，被明代思想家李贽誉为"千古一帝"。统一六国之后，秦始皇紧接着统一了度量衡、文字、货币等，不仅大大地方便了百姓的生活，还将各国文化融合成了一个统一的文化。他还北修长城，防止外敌入侵；南征百越，扩大秦朝的领土。但他大兴土木，也导致百姓死伤无数。历史上对秦始皇的评价好坏都有，不过无论如何评价，他的功绩都不能被否认，过错也不能被掩盖，我们要从多方面去看待他。

知识拓展

秦始皇登基之后，命人制作了传国玉玺，据说是用和氏璧所造，上面雕刻了九条龙，象征着皇帝至高无上的权力。后来在隋末唐初的时候因战争遗失，至今未曾找到。

3. 史上第一个皇帝

思考

下面哪件事与秦始皇无关?（　　）
A. 荆轲刺秦王
B. 统一文字
C. 商鞅变法
D. 统一货币

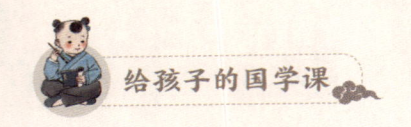

4. 史上最著名的一顿饭

故事　　　鸿门宴

秦朝末年，各地起义军联合在一起，誓要攻克咸阳，打败朝廷。项羽和刘邦分南北两路进攻咸阳，为了鼓舞士气，约定谁先攻进咸阳城，就封谁做"关中王"。项羽的实力远超刘邦，早已把"关中王"视作囊中之物，但不巧的是，项羽是北路军，需要先去救赵王，而后才能攻咸阳，这样一来，刘邦就捡了个便宜，一路上行军速度非常快，先于项羽打进了咸阳城。等到项羽救了赵王赶到函谷关时，刘邦的军队把守在那里，不让项羽的军队进去。

项羽被刘邦抢了先，非常生气，就率兵攻破了函谷关，准备与刘邦开战。这时候，项羽的军队有四十万士兵，驻扎在新丰鸿门，而刘邦的军队只有十万士兵，驻扎在霸上。项羽的军师范增劝告他说："刘邦本是个贪财好色的人，可是现在进了关，不但不抢夺财物，还对百姓很好，这

4. 史上最著名的一顿饭

说明他的志向不小，应该是想要做皇帝，所以要趁早消灭他。"

项伯是项羽的叔父，与张良早就认识，关系很好。项伯连夜骑马跑到刘邦的军营，私下会见张良，把事情详细地告诉了他，想让张良和他一起离开。张良拒绝，并把这个消息告诉了刘邦。张良向刘邦建议："大王您现在的军队是无法对抗项羽的，我们需要先归顺他，保存实力。请让我去告诉项伯，说沛公不敢背叛项王。"

刘邦不仅同意了张良的建议，还请来项伯，与他约定结为儿女亲家，并说："我进入关中，一点儿东西都不敢据为己有，登记了官吏、百姓，封闭了仓库，等待将军到来。派遣将领把守函谷关，是为了防备其他盗贼进来和意外的变故。我日夜盼望将军到来，怎么敢反叛呢？希望您告诉项王，我不敢背叛他。"项伯听后连夜离去，回到军营里，把刘邦的话报告给了项羽，并趁机替刘邦求情，项羽对刘邦的恨意消减了很多。

第二天一早，刘邦带领一百多人亲自来到鸿门，向项羽谢罪说："我和将军合力攻打秦军，万万没想到我能先进关中，能够在这里见到将军，我非常高兴，希望将军不要相信小人之言，以免

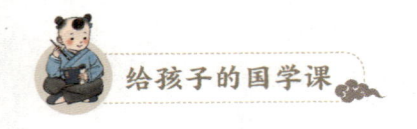

我们之间产生误会。"

项羽说："都是你的左司马曹无伤说的，要不是他说的，我怎么会这么生气呢？"于是项羽留下刘邦，和他饮酒。项羽、项伯朝东坐，范增朝南坐，刘邦朝北坐，张良朝西陪坐。席间范增多次向项羽使眼色，再三举起他佩戴的玉玦暗示项羽赶紧杀了刘邦，但是项羽沉默着没有反应。

范增起身，出去召来项庄，命项庄以舞剑助兴的方法刺杀刘邦，项伯看出来范增的意图，于是也拔剑起舞，掩护刘邦。张良见势不妙，找来刘邦的将军樊哙。樊哙听说刘邦有难，不顾一切地冲了进去，掀开帷帐朝西站着，瞪着眼睛看着项羽，头发直竖起来，眼角都裂开了。项羽喜欢勇猛的武将，也没怪罪他，命他坐在张良的旁边。坐了一会儿，刘邦以上厕所为由把樊哙叫了出去。

刘邦出去后，项羽派都尉陈平去叫刘邦。但刘邦知道，现在离开还有生路，如果不走，可能就要死在项羽的剑下了。于是刘邦就让张良留下来道歉并将准备好的玉璧和玉斗献给项羽和范增，自己骑马与拿着剑与盾牌的樊哙、夏侯婴、靳彊、纪信四人一起逃跑，从小路回到了军营里。

范增接过玉斗，非常愤怒，拔出剑来敲碎了

4. 史上最著名的一顿饭

它，感叹道："项羽这小子有勇无谋，不值得与他共谋大事啊，以后夺取天下的人一定是刘邦了，我们都要成为他的俘虏啦！"说完转身离去。

刘邦回到军中后，立刻杀死了曹无伤。果然不出范增所料，四年之后，刘邦打败了项羽，建立了大汉王朝。

评析

"鸿门宴"是项羽消灭刘邦的最佳机会，但是他没有听范增的建议，而是放了刘邦，这就注定了总有一天他会被刘邦所灭。而刘邦虽是社会底层出身，但是能够看清时势，最终在楚汉之争中取得胜利，尽显英雄本色。项羽的傲慢和无谋不可取，刘邦的忍辱负重、能屈能伸才是成大事者必备的素质。

知识拓展

成语"项庄舞剑，意在沛公"正是出于"鸿门宴"的故事，比喻说话或行动虽然表面上另有名目，其真实意图却在于对某人某事进行威胁或攻击。

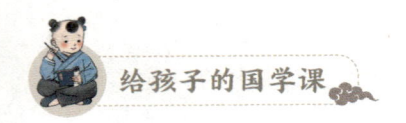

思考

下面哪个说法是正确的？（　　）

A. 刘邦早于项羽攻进了咸阳城。
B. 鸿门宴前项羽没有想杀掉刘邦。
C. 刘邦被项羽所杀。
D. 鸿门宴是一场普通的家庭聚会。

5. "公羊生小羊"

故事 苏武牧羊

苏武是西汉时期的一位太守，后来官拜中郎将。当时汉朝和匈奴的关系时好时坏，很多匈奴的使者都被扣留。公元前100年，匈奴新的单于即位，向大汉示好，汉武帝为了表示友好，便派遣苏武率领一百多人出使匈奴，持旄节护送扣留在汉的匈奴使者回国，顺便送给单于很丰厚的礼物。但世事难料，在苏武顺利完成出使任务准备回国的时候，匈奴发生了内乱，苏武一行人受到牵连，被扣留下来，并被要求背叛汉朝，臣服单于。

最初，单于派卫律来劝说苏武投降，许诺给他大笔的钱财和官职，苏武都严词拒绝了。匈奴见劝说没有用，就决定用酷刑，在寒冬腊月、大雪纷飞时，把苏武关进一个露天的大地穴，还不给他水和食物。时间一天天过去，苏武受尽了折磨，渴了就吃一把雪，饿了就嚼身上穿的羊皮袄，冷了就缩在角落里取暖。过了好些天，单于发现苏

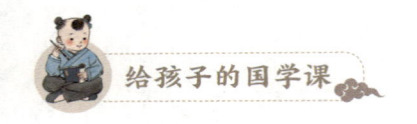

武并没有屈服于他的意思，只好把苏武放了出来。

单于非常佩服苏武的气节，不忍心杀他，但又不想让他返回自己的国家，于是他决定把苏武流放到北海一带，让他去牧羊，希望有朝一日他能臣服。临行前，单于召见苏武说："既然你不投降，那就去放羊吧，什么时候那群羊生了小羊羔，我就放你回去。"

苏武来到了人迹罕至的北海边。他发现这些羊全是公羊，是不可能生出小羊羔的，并且在北海这个地方，他无论如何都是逃不出去的。那里只有苏武一个人，陪他的只有那支旌节和一小群羊。虽然苏武很孤独，但是他心想：总有一天能够回到自己的国家。就这样，日复一日，年复一年，旌节上的装饰都掉光了，苏武的头发和胡须也都变得花白了。

苏武在北海待了19年，当初下命令囚禁他的匈奴单于已经去世了，汉武帝也死了。后来匈奴起了内乱，单于没有力量再跟汉朝打仗，开始向汉朝求和，汉昭帝趁机派出使者来到匈奴，将苏武救了回来。

苏武回长安后百姓都出门迎接，称赞他是个有气节的大丈夫，全国上下都被苏武的气节所感

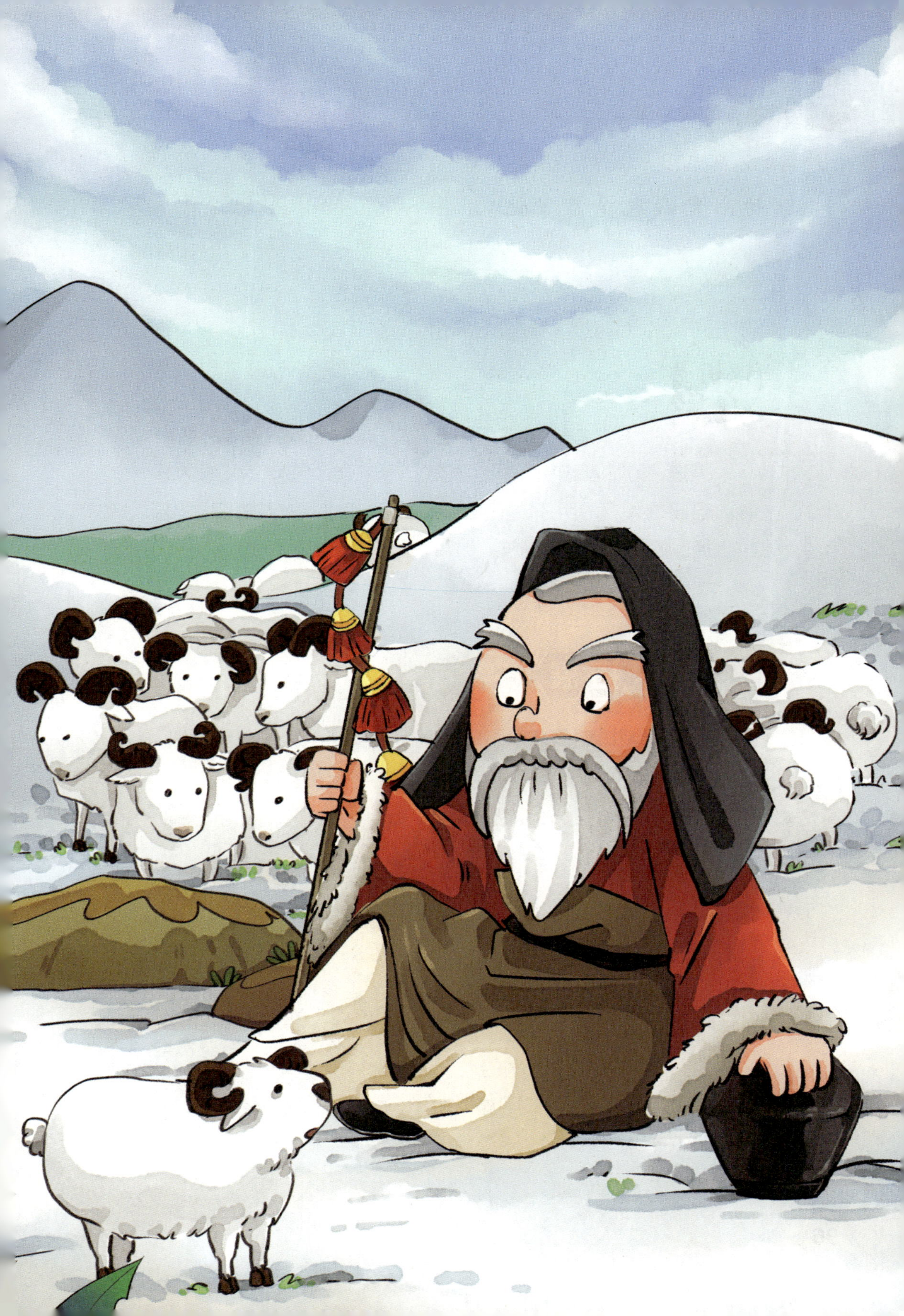

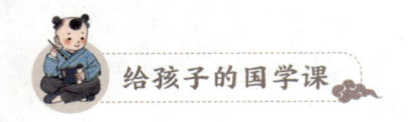

动，皇帝也重赏了他。

评析

"苏武牧羊"的事迹千古流传。面对匈奴的各种诱惑、逼迫，苏武都忠贞不屈；虽然受尽苦难，但苏武时刻铭记自己是大汉的臣子，不能背叛自己的民族和国家。苏武这种民族气节和爱国精神，值得我们学习。

知识拓展

汉朝时期的北海指的是现今俄罗斯的贝加尔湖，地处极北之地，环境气候都十分恶劣。

思考

下面哪个说法是不正确的？（　　）
A. 苏武是汉武帝派到匈奴的使者。
B. 苏武向匈奴单于投降了。
C. 苏武是个爱国的人。
D. 苏武忠贞不屈的精神值得学习。

6. 捉住小老虎

故事 **不入虎穴，焉得虎子**

东汉时，奉车都尉窦固召见班超，派他做使者出使西域，和鄯善国国王建立友谊，争取与鄯善国一同攻打匈奴。班超接到命令后，带着一队人马翻过崇山峻岭，克服艰难险阻，千里迢迢，终于抵达了鄯善国。鄯善王听说班超到来，亲自出城迎接，把班超奉为上宾。班超向鄯善王说明了此次来的任务，鄯善王很高兴。

没想到，过了几天，匈奴也派使者来和鄯善王联络感情。鄯善王也热情款待了他们。匈奴人在鄯善王面前说了东汉很多坏话，想要骗取鄯善王的信任，这使得鄯善王怀疑起班超等人的意图，心绪不安。于是，第二天他的态度变得十分冷淡，不爱搭理班超，甚至派人监视班超的一举一动。

班超察觉出事情的变化，便立刻召集大家商量对策。班超说："现在鄯善王对我们提出的合作有所犹豫，是因为匈奴给了他另一种选择。现

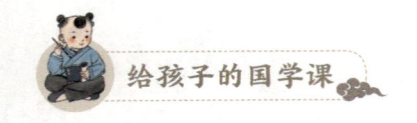

在只有除掉匈奴使者才能消除鄯善王的疑虑，我们两国才能重归于好。"可是班超他们人马不多，而匈奴使团人数众多，且兵强马壮，防守又严密。

班超说："不进老虎洞，怎么能捉到小老虎！虽然有些冒险，但作为使臣，我们要鼓起勇气，完成出使任务！"

这天深夜，班超带着士兵潜到了匈奴的营地。他们兵分两路，一路拿着战鼓躲在营地后面，一路手执弓箭刀枪埋伏在营地两旁。他们一面放火烧帐篷，一面击鼓呐喊。匈奴人并不知道发生了什么，顿时大乱，结果全被大火烧死、被乱箭射死。

匈奴人在鄯善国被杀，就已经破坏了两国的友谊，鄯善王得知真相后，深知别无选择，再者他也很佩服班超等人的勇气和智谋，所以与班超和好了。

6. 捉住小老虎

评析

班超不光有勇,还有谋,勇气与智谋是不可分割的,有勇无谋是鲁莽的行为。为了吸引别人的目光而冒险并不是勇敢,只能成为人们口中的笑话;为了正义的事而冒险才是真正的勇敢,会得到别人的尊重和赞赏。勇敢也是勇士不断改正自身不足的表现。

知识拓展

班家是东汉时期有名的家族,班超的父亲班彪是著名的史学家,兄长班固撰有《汉书》,小妹班昭参与过《汉书》的编写,被称为"曹大家"。

思考

以下哪种情景不是勇敢的表现?(　　)
A. 当别人向我提出建议时,我会虚心接受并感谢他。
B. 当有敌人侵犯的时候,挺身而出,保护自己和家人。
C. 为了吸引别人的目光,把手伸进关老虎的笼子。
D. 尊严受到别人侵犯时,据理力争。

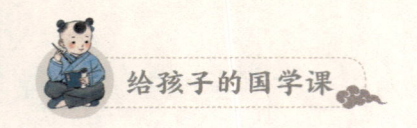

7. 东汉末年南北大战

故事 　　　　**赤壁之战**

　　东汉末年，天下大乱，群雄并起，争战不断。曹操在打败袁绍之后，几乎统一了整个北方，是各路诸侯中实力最强大的一个。208年，曹操决定乘胜追击，率军二十余万东渡长江，打算击败东吴等势力。

　　曹操大军东进，东吴的官员们感到恐惧，纷纷劝说孙权投降，只有鲁肃和周瑜二人坚决主张迎战。孙权听取了二人的意见，没有选择投降，而是联合了在江夏驻扎的刘备准备迎战。孙、刘联军总共有五万人左右，是曹军的四分之一，实力非常悬殊。孙权派周瑜领兵，刘备派诸葛亮做代表，双方共同商议抗击曹军的策略。

　　曹操所率领的北方士兵善于骑马，不善于乘船，很多人在船上都会晕头转向，于是曹操命人将战船首尾连接起来，人马在船上奔驰如履平地。周瑜的部将黄盖说："如今敌众我寡，正面对抗

7. 东汉末年南北大战

我们胜算不大。我观察到曹军把战船都连接在一起,这是个好机会,我们可以采用火攻,大火一起,曹军必败!"

周瑜和诸葛亮都认为这是最好的方法,但火攻需要接近曹军的战船才能奏效,于是黄盖派人送信给曹操,说自己受不了周瑜这小子的气,打算投降。曹操命人探察之后,相信了黄盖的话,二人便约定好了投降的日期。投降之日,黄盖选取了战船十艘,装上干草和枯柴,在里边浇上油,外面插上旌旗,预先备好快艇,系在船尾。

当黄盖的船队接近曹军水寨时,黄盖下令点燃柴草,着火的船队顺着东风快速向前飞驶,冲向曹军战船。当时东南风正急,火烈风猛,顷刻间,浓烟烈火,遮天蔽日,曹军烧死和淹死的人马不计其数,曹军的战船也全部被烧光了,火势还蔓延到曹军设在陆地上的营寨。

周瑜率领精锐的战士紧随在后,鼓声震天,奋勇杀敌,曹军甚至连还击都没来得及,就大败而逃。曹操率军从华容道步行撤退,南方多雨,道路泥泞不堪,再加上军心大乱,老弱残兵被人马所践踏,陷在泥中,死了很多,后又因饥饿和疾病死了大半。周瑜、刘备的军队一直尾随追击,

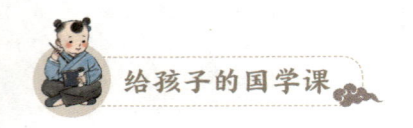

但最终也没追上曹操。

曹操逃回江陵后，深知此战已经没有挽回的余地，于是立即返回北方，孙、刘联军取得了此次战役的胜利。

评析

赤壁之战是中国历史上著名的以少胜多的战役之一，在《三国演义》中，此战更是全书最重要、规模最大、人才最集中的战事，描述了"诸葛亮舌战群儒""蒋干盗信""草船借箭""七星坛诸葛祭风"等经典场景。现实的战争可能没有小说描写得那么精彩，但比小说更惨烈。此战中孙、刘联军的胆识与谋略让人佩服，不过战争会给百姓带来巨大的伤害，这种方式不值得推崇，我们要时刻谨记维护和平的使命。

知识拓展

赤壁之战的战场在今湖北省武汉市赤矶山（一说今湖北赤壁西北），唐朝诗人杜牧路过此处时，有感而发，写下了一首怀古诗——《赤壁》：折戟沉沙铁未销，自将磨洗认前朝。东风不与周郎便，铜雀春深锁二乔。

7. 东汉末年南北大战

思考

下面哪个说法是正确的？（　　）
A. 赤壁之战中孙、刘联军的兵力远胜于曹操。
B. 赤壁之战的结果是曹操胜出。
C. 赤壁之战是以少胜多的战役。
D. 战争是解决问题的唯一方式。

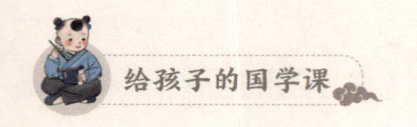

8. 打仗下棋两不误

故事　　　　**淝水之战**

在1600多年前的十六国时期，前秦宣昭帝苻坚一度统一北方，东晋则是少数民族南下之后逃往南方的朝廷。

前秦丞相王猛一直阻止苻坚的南进政策，王猛去世8年后，苻坚认为时机成熟，决定进攻东晋。当时很多大臣都觉得时机不够成熟，而且长江天险很难攻克，纷纷劝阻苻坚，但苻坚因为此前的胜利而好大喜功，执意发兵。他对众人说："我坐拥百万大军，只要一声令下，所有士兵把手里的鞭子投入区区长江，足可把江水断流，长江天险还有什么好怕的？"

383年，苻坚不顾众人劝阻，与弟弟苻融率领八十七万余士兵南下。太保谢安是当时东晋威望最高的大臣，他建议以弟弟谢石、侄子谢玄为将，率领八万有较强战斗力的"北府兵"沿淮河西上，迎击秦军。

8. 打仗下棋两不误

晋军西行，与秦军对峙淝水。谢氏一族果然不负众望，不到四个月的时间，前秦大军溃败而逃，苻融战死，苻坚中箭，率领余兵拼命逃回北方。当他们听到风吹过的声音及飞鹤的鸣叫，都以为是晋兵仍在后面穷追不舍，于是他们日夜逃跑，饥寒交迫，结果当他们回到北方时，百万大军已失去了十之七八。

淝水之战东晋大获全胜，谢石和谢玄派飞马往建康送去捷报。当时谢安正在家与客人下棋，他看完了谢石送来的捷报，不露声色，随手把捷报放在旁边，照样下棋。客人知道是前方送来的战报，忍不住问谢安："战况如何？"谢安不慌不忙地说："孩子们到底把前秦打败了。"客人听了，高兴得不想再下棋，想赶快把这个好消息告诉别人，就告辞走了。谢安送走客人，回到房间，兴奋的心情再也按捺不住，想赶紧把这个消息告诉皇帝，跨过门槛的时候，把脚上穿的木屐的齿都碰断了。

评析

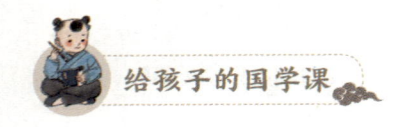

淝水之战是十六国时期少有的南北大战,在此战中能够看到苻坚好大喜功带来的恶果,也能看到谢氏一族的勇猛,而谢安镇定自若的气度,着实让人佩服。

知识拓展

唐朝诗人刘禹锡的《乌衣巷》一诗中写道:"旧时王谢堂前燕,飞入寻常百姓家。"诗中的"谢"指的就是晋朝时期以谢安为代表的谢氏家族,谢家当时的住所就在南京的乌衣巷中。

思考

下面哪个说法是正确的?(　　　)

A. 淝水之战中谢安亲自上战场指挥战斗。
B. 淝水之战中谢安非常慌乱。
C. 苻坚取得了淝水之战的胜利。
D. 淝水之战中东晋大获全胜。

9. 一杯酒的智慧

故事　　　　**杯酒释兵权**

宋太祖赵匡胤原是后周皇帝柴荣的禁军统领。柴荣去世后，由他7岁的儿子柴宗训继承皇位，赵匡胤得到柴宗训重用。柴宗训继位没过一年，赵匡胤便发动了"陈桥兵变"，被部下黄袍加身拥立为帝，夺了周恭帝柴宗训的皇位，建立了宋朝。

建立宋朝之后，赵匡胤担心他手下有威望的将领们也会像曾经的自己一样发动兵变，于是就想从他们的手中夺回兵权，但这些将领都是自己的好友，他又不忍心用强硬的手段。于是，他召见丞相赵普，询问并得到了息兵休战、国家长久发展的好办法。

961年，农历七月初九晚上，赵匡胤把石守信等高级将领留下喝酒，酒兴正浓时，他长叹了一口气，表情非常苦闷地说："当初都是靠你们大家的帮助，我才能坐上皇帝的宝座，我心中一直记着你们的恩情。但是，你们不知道，当天子

实在是太难了,还不如从前开心,我经常整夜难以入睡啊!唉!"

石守信等人惊骇地问他为什么会这样,赵匡胤继续说:"这原因不是明摆着嘛,谁不想当皇帝呢?"

石守信等人听了,知道这话中有话,连忙叩头说:"陛下为什么这么说?您做皇帝是天命,谁敢不忠于您呢?"

赵匡胤说:"我知道你们不会有这种想法,但如果你们的部下想要富贵,把黄袍给你们披上,即便到时候你们不想做皇帝,也身不由己了吧!"

这些将领都很聪明,知道赵匡胤已经开始怀疑他们了,于是齐刷刷地跪下,请求赵匡胤给指一条明路。赵匡胤缓缓地说道:"人生很短暂,想要富贵的人,无非是想多要些钱,好让子孙后代活得宽裕一点儿,你们不如交出兵权,我给你们足够的财富,你们可以在各地置办良田美宅,可以日夜饮酒相欢,我们再结为姻亲,还像以前一样,两无猜疑,上下相安,这样不是很好吗?"

石守信等人见赵匡胤已经把话讲得这样明白,知道已别无他法,只得俯首听命。第二天,石守信等人上表请求解除兵权,赵匡胤欣然同意。此后,

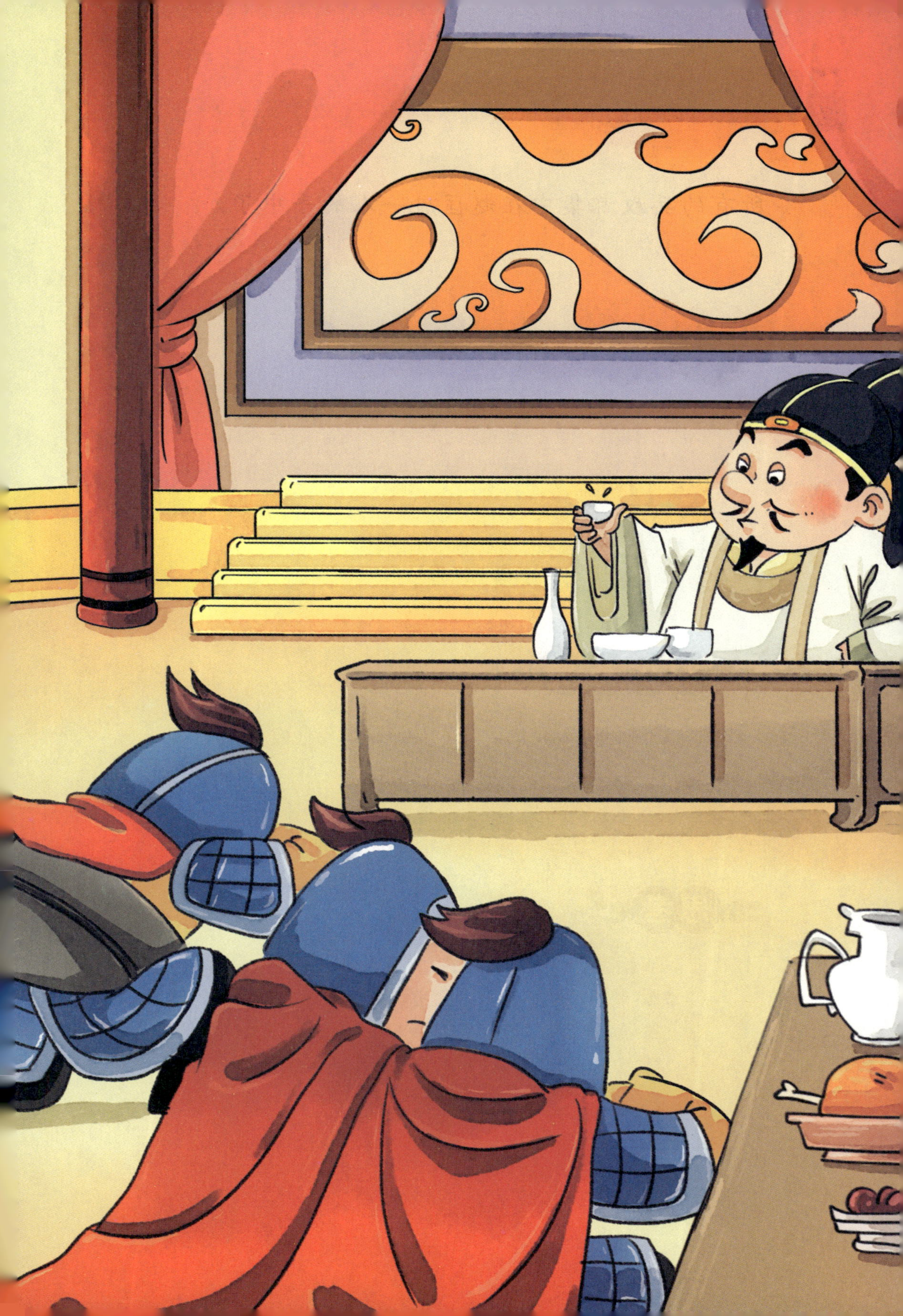

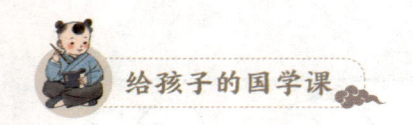

所有的兵权都集中在赵匡胤一人的手中了。

评析

历史上的开国皇帝为了皇权的稳定，几乎都会做诛杀功臣这件事，但大多会因此而背负骂名。赵匡胤此举既没有流血，还收回了兵权，是十分聪明的做法，也证明了赵匡胤不是个凶狠的人。这其实就是一种处世的智慧，解决问题的方法有很多，我们要多用智慧。

知识拓展

赵匡胤发动陈桥兵变时，部下诸将给他披上黄袍（皇上穿的衣服），拥立他为天子，这个举动叫作"黄袍加身"。

思考

下面哪个说法是正确的？（　　）
A. 赵匡胤的父亲就是皇帝。
B. 赵匡胤是从别人手中夺来的皇位。
C. 赵匡胤是通过杀戮的方式收回的兵权。
D. 赵匡胤不是宋朝的第一个皇帝。

10. 不折不扣的英雄

故事 岳母刺字

北宋末期，皇帝腐败无能，不好好治理国家，国力非常弱，于是地处东北地区的金国便开始侵略宋朝。在"靖康之难"中，金国将宋朝的两个皇帝都抓走了，导致北宋灭亡，朝廷南迁，史称南宋。

岳飞就出生在这个时期的一个普通农家。传说岳飞出生的时候，有一只巨大的鸟在屋顶上飞来飞去，不断地鸣叫，于是父母给他取名"飞"，字鹏举。岳飞从小爱读《左氏春秋》《孙子兵法》等书，还学习骑射，立志报国。岳飞20岁时投军抗辽，不久因父丧，退伍还乡守孝。1126年，金兵大举入侵中原，岳飞再次投军。临行前，母亲姚太夫人把岳飞叫到跟前问他："现在国难当头，你有什么打算？"

岳飞坚定地说："到前线杀敌，精忠报国！"

姚太夫人听了儿子的回答，十分满意，"精

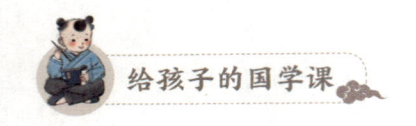

忠报国"正是母亲对儿子的希望。于是她决定把这四个字刺在儿子的背上,让他永远铭记在心。

岳飞解开上衣,露出瘦瘦的脊背,请母亲下针。

姚太夫人问:"孩子,刺字是很疼的,你害怕吗?"

岳飞说:"母亲,如果连小小的针都害怕,还怎么去前线打仗?"

于是姚太夫人先在岳飞背上写了字,然后用绣花针刺进肉里,再涂上醋墨。从此,"精忠报国"四个字就永不褪色地留在了岳飞的后背上。

母亲的鼓舞激励着岳飞。岳飞投军后,很快因作战勇敢而升秉义郎。这时宋都开封被金军围困,岳飞随副元帅宗泽前去救援,多次打败金军,受到宗泽的赏识,称赞他"智勇才艺,古良将不能过",后来成为著名的抗金英雄,受历代人民所敬仰。岳飞是非常杰出的统帅,他所率领的"岳家军"号称"冻死不拆屋,饿死不掳掠"。敌人都称赞他们"撼山易,撼岳家军难",意思是打败岳家军比推倒一座大山还要困难,以此来表示对岳家军的由衷敬佩。

后来,金兀术撕毁了两国的盟约,岳飞决定

10. 不折不扣的英雄

带领军队攻打金国，百姓们深受鼓舞，各地的义军也纷纷响应，共同夹击金军。岳家军先后收复郑州、洛阳等地，并在郾城、颍昌大败金军，继续攻打朱仙镇。但是，皇帝和宰相秦桧害怕失去现有的地位和财富，一心向金国求和，即便岳飞打赢了，也要求和，于是他们先后发了十二道"金字牌"逼迫岳飞停止进攻，赶紧回来。岳飞如果不回去，就是违抗皇上的命令；如果回去，那十年来的征战，所有努力换来的成果就都白搭了。

在皇帝不断地催促之下，岳飞不得不撤兵。在撤兵的路上，老百姓都跪着拦在岳飞的马前，哭诉着害怕金兵。岳飞也很无奈，含泪取出皇帝的诏书给大家看，说："皇帝不让我留在这儿，我不能擅自留下啊！"听到这话后，老百姓再次哭成一片。

岳飞回朝不久，就被秦桧以"莫须有"的罪名害死了。一代名将被冤害而死，百姓们都伤心痛哭，金国人却高兴得不得了。直至13年后，岳飞才得以平反。

评析

岳飞的母亲姚太夫人,是古代四大贤母之一。在国家危亡之际,姚太夫人励子从戎,精忠报国,被传为千古佳话。岳飞在母亲的鼓励下,征战沙场,为国雪耻,既忠于国家又有过人的本领,值得我们学习。岳飞的死,一直以来都是人们心中的痛,但历史不会埋没任何一个功臣,也不会宽恕一个罪人。

知识拓展

古代四大贤母:
1. 孟母仉氏——孟子的母亲
2. 欧母郑氏——欧阳修的母亲
3. 岳母姚氏——岳飞的母亲
4. 陶母湛氏——陶侃的母亲

思考

下面哪件事与岳飞无关?(　　　)
A. 岳母刺字
B. 抗击金军
C. 向敌人投降
D. 被人害死

11. 留头还是留发？

故事 　　　　剃发易服

　　1644年，明朝崇祯帝朱由检自杀，清朝的军队在多尔衮的带领下，攻克山海关，入主北京。但这并不代表清军得到了天下，江南地区的人们依然不愿臣服。为了能够让这些百姓归附，多尔衮向江南地区的百姓承诺，投降大清之后，一切像明朝时候一样，不会改变。

　　江阴这座小城就是在这时候投降的，等到江南大部分地区百姓都真心归附了之后，多尔衮却出尔反尔了。他觉得既然归顺了大清，就不能再保留汉人的习俗，应该改成满洲人的习俗，从衣服和发式开始，让汉人都变成地地道道的大清人，于是他颁布了剃发令，强制中原百姓剃去头发，梳起满洲人的辫子，改穿满洲服饰，并严令：留发不留头。

　　这条法令在江阴颁布之后，所有的百姓都愤怒了，说好的不改风俗，不变发式，现在却这样，

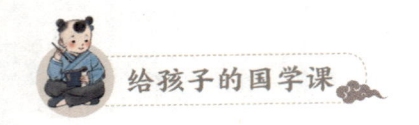

这不是欺诈嘛！于是一些民众联合抗议，要求留发。

这让知县方亨很气愤，他觉得这些人就是在跟自己过不去，于是破口大骂，但百姓也不服气，坚决反抗。眼看剃发令无法实施，方亨便给朝廷写了一封信，让朝廷派兵来杀几个抗议的人树立威信，结果这封信被江阴百姓截获了，彻底激怒了江阴百姓。为了自保，为了不剃头发，江阴百姓揭竿而起，攻破了县衙，杀死了衙差，捉住了方亨，打出了"大明中兴"的旗号，江阴城正式宣告反清，阎应元被推举为最高指挥。

起初，清政府根本没把江阴放在心上，心想：不就是一个小城闹事嘛，派些兵镇压就行了。于是派了三百人去镇压，可是万万没想到，这三百人有去无回。这时候朝廷才反应过来，派大军镇压，甚至携带红衣大炮前往攻城，前后加起来，清兵足足有二十四万人。在此情况下，清军认为江阴百姓已经没有抵抗的心思了，哪料想江阴百姓丝毫没有畏惧。在清军200余门重炮的打击下，阎应元带领的江阴百姓愣是坚守了81天，还斩杀了大清的3位王爷和18位将领，杀死清军七万五千人。

11. 留头还是留发？

但终归是寡不敌众，江阴还是被清军攻破了，阎应元英勇就义。

生活在江阴地区的人为了表明立场，都坚持一个原则：不当清朝的官，不应清朝的举。直到后来乾隆皇帝为了国家的稳定，亲自向江阴地区的百姓们示好，并在江阴给阎应元修建祠堂，百姓们对清政府的态度才有了改观。

评析

衣冠和发式代表了汉民族的文化，多尔衮强制要求汉人剃发易服，是想消灭汉文化，这必然会引起人们的反抗。好在后期的清朝皇帝将满汉文化进行融合，才使得清朝统治了近300年。各民族之间的矛盾，早已成为历史，如今我们五十六个民族是一个大家庭，各族人民都是祖国的孩子，五十六个民族的文化共同组成了璀璨的中华文明，大家团结友爱，让人欣喜。我们也要为民族的团结竭尽全力，建设好我们的大家庭。

知识拓展

中国许多地区流传着"正月不剃头,剃头死舅舅"的说法,这便与剃发有关。"死舅"其实是"思旧",即思念旧国明朝的意思。1911年,辛亥革命推翻清政府,中华民国临时大总统孙中山颁布剪辫子令,人们才开始剪去辫子。

思考

下面哪个说法是不正确的?(　　)

A. 江阴百姓因为"剃发易服"而痛恨满族同胞。
B. "剃发易服"是旧社会的现象。
C. 清朝时期人们都要穿满族服饰。
D. "剃发易服"让汉人非常不满意。

12. 开心到发疯的考试

故事　　　　**范进中举**

　　古代有一个叫范进的书生，考试考了很多年才通过第二关，成为秀才，他的母亲和妻子都很高兴。范进的岳父是个屠夫，得知范进成了秀才，拿着一副大肠和一瓶酒来了，一进门就一脸严肃地对范进说："是我运气不好，才把女儿嫁给你这个没本事的家伙，只知道考试，不知道养家，我女儿跟你受了多少苦啊！现在你中秀才了，也是你运气好沾了我的光，我来向你表示祝贺。"

　　秀才只是读书人身份的最低级别，所以范进虽然感到被羞辱，但也没办法反驳。不知不觉到了六月底，范进想要去参加乡试，但是连路费都没有，只能去请求岳父帮助。岳父一口唾沫吐在他的脸上，大声骂道："你不要再痴心妄想了，你以为你中了秀才，还能中举人吗？我听说你中秀才不是因为你的才华，而是考官觉得你太老了，施舍你当个秀才。再看看你这尖嘴猴腮的样子，

哪里有中举的命？我的钱都让你拿去打水漂了，你让我女儿跟着你喝西北风吗？"范进知道岳父看不起他，也不知道怎么还口，就失落地回家了。但范进还是想要尝试一下，瞒着岳父，到城里去参加乡试，等范进参加完乡试回来，家人已经饿了三天了。

到发榜那天，家里已经没米煮饭了，范进准备把家里最后一只鸡拿出去换米。范进出门不久，他的母亲便听到一阵锣声，只见三个人骑着马闯了进来，连连叫道："快请范老爷出来，他中举人了！"正吵闹着，又是几拨人马，二报、三报也到了，挤了一屋子的人，连茅草棚地上都坐满了。

邻居赶紧去找范进。范进正在角落里卖鸡呢，邻居说他中举他并不相信。邻居见他不相信，一手把鸡抢了扔在地下，拉着范进就往家跑。范进走进屋里，看到屋中间挂的报帖，上面写着："捷报贵府老爷范讳进高中广东乡试第七名亚元，京报连登黄甲。"

范进看了一遍，又念一遍，自己双手一拍，笑了一声，说："噫！好了！我中了！"说完，往后一倒，牙关紧咬，不省人事。老太太慌了，慌忙给他灌了几口水。他清醒过来，又拍着双手

12. 开心到发疯的考试

大声笑道："噫！好！我中了！"边笑边往门外跑，把邻居们都吓了一跳。范进跑出大门没多远，一脚踩进了水塘里，等他挣扎起来，头发都散了，两手黄泥，一身湿漉漉的。他不停地到处跑。大伙儿都拉不住他，都说："范进疯了！"范进的母亲非常难过，大哭起来，家里也乱哄哄的。

后来，范进的岳父在众人的建议下，来到集市寻找范进。在一个庙门口，他发现了散着头发、满脸泥巴的范进，鞋子都跑丢了一只，还疯疯癫癫地嘀咕着："中了！中了！"岳父凶神似的走到他跟前说道："该死的畜生！你中了什么？"接着一个大嘴巴打过去，范进一下就被打晕了，昏倒在地上。邻居们赶紧替他捶胸口，过了好一会儿，范进才醒过来。大家扶着他坐在板凳上，慢慢地，他恢复了神志，不再疯了。

评析

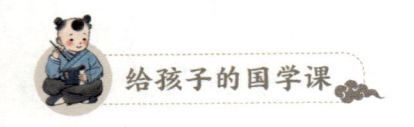

十年寒窗无人问,一举成名天下知。科举考试曾经是很多读书人的噩梦,但对于平民百姓来说,这确实是最公平的方式,不然平民几乎没有什么机会能改变自己的命运。所以即便深受折磨,读书人也要坚持。古代学子们在准备考试的过程中付出了超乎常人的努力,更值得今天所有的读书人学习。

知识拓展

古人为图吉利,把考试通过叫作"及第",把未通过叫作"落第"。在乡试、会试、殿试中取得第一名的人分别称作"解元""会元""状元",连续取得三个第一就叫作"三元及第",不过这样的人在整个科举历史当中不超过20个。

思考

科举考试的正确顺序是什么?(　　)
A. 院试、童试、乡试、会试、殿试
B. 童试、院试、乡试、殿试、会试
C. 童试、院试、会试、乡试、殿试
D. 童试、院试、乡试、会试、殿试

四、文学艺术

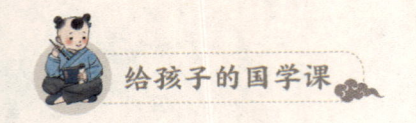

1. 一撇一捺

故事　　**仓颉造字**

上古黄帝时期，有一个叫仓颉的史官，天生双瞳四目，与众不同，相传我们使用的文字就是他创造的。

人类是先有语言，后有文字的。在仓颉创造文字之前，人们用来记事的方法很多。开始的时候，人们"堆石记事"，就是把石块堆积起来，石块的大小、多少、堆放的方法和位置，分别代表不同的事物。但这种方法既麻烦又不便于管理，而且很容易被破坏。后来，人们发明了搓绳技术，继而放弃了"堆石记事"的方法，采用"结绳记事"。这种方法就是用柔软而有韧性的树皮搓成细绳，然后将数十条细绳排列整齐悬挂在一处，在上边打结记事。大事打大结，小事打小结，先发生的事打在里边，后发生的事打在外边。为了能够记录更多的事情，人们又把细绳染成各种颜色，每种颜色分别代表一类事物，使所记之事更加清楚。

1. 一撇一捺

在"结绳记事"不能够满足人们的生活需要的时候，人们又发明了符号文字，用"○、△"等符号组合起来记录不同的事情，但是这种符号本身没有任何意义，组合起来就像密码一样，理解起来非常困难，并不能广泛地应用。

随着人越来越多，所要记录的事情也越来越多，人们继而发明了"图画文字"，就是用简单的图画来表现具体事物，如画一个山形代表"山"，画几个水波代表"水"，画一个圆代表"太阳"，画半个圆代表"月亮"等。这种文字不用专门学习和记忆，深受人们的欢迎。

等到了仓颉生活的时期，黄帝要求他准确记录年年祭祀的次数、回回狩猎的分配、部落人口的增减等。这下仓颉犯愁了，这些事情凭着之前的方法是记录不过来的，怎么才能不出差错呢？

有一天他和人们出去打猎，走到而一个三岔路口时，几个老人为往哪条路走而争辩起来。一个老人坚持要往东，说有羚羊；一个老人要往北，说前面不远处有鹿群；一个老人偏要往西，说有两只老虎，不及时打死，就会错过了机会。仓颉一问，原来他们都是看着地上野兽的脚印才确定哪边有什么动物的。仓颉心中猛然一喜，心想："既

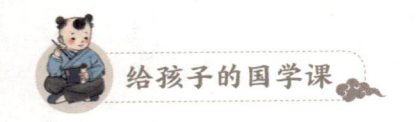

然一个脚印代表一种野兽，我为什么不能用一种符号来表示我所管的东西呢？"他高兴地拔腿奔回家，开始创造各种符号来表示事物。经过他的努力，最早的"象形文字"终于被创造出来了，这正是我们今天所用汉字的最早的模样。

　　传说仓颉在创造文字时，天上降下粟米，鬼在夜间哭泣。因为天担心人们学会文字后，都去从事商业而放弃农耕，造成饥荒；鬼怕人们学会文字后，会作疏文弹劾它们，因此才在夜间哭泣。还有一种说法，兔子在夜间哭泣，是因为兔子害怕人们学会文字后，取它们身上的毫毛做笔，从而危及它们的性命。

1. 一撇一捺

评析

关于文字是不是仓颉创造的，至今说法并不统一，但人们愿意认为是他创造的。但文字并非从发明开始就是今天的样子。从象形文字到甲骨文、金文，再到秦朝的小篆、汉朝的隶书直至两晋前后出现的楷书，文字经历了几千年的演变才渐渐固定下来，我们今天所使用的汉字就是在楷书的基础上简化而来的。文字是一个民族文明的根本，没有了文字，任何文明都无法传承下来，所以文字是中华民族最伟大的发明。写好汉字，是中华儿女都必须做到的事。

知识拓展

传说在中国历史上具有双瞳者有8个人，分别是舜、仓颉、项羽、重耳、高洋、吕光、鱼俱罗、李煜，皆是帝王、圣人、名将等不同凡俗之人。

思考

🂠 ⛰ 🧍 分别对应下列哪些汉字？（　　）

A. 山、月、木
B. 日、山、木
C. 石、火、水
D. 日、山、水

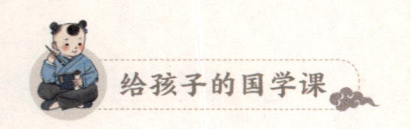

2. 藐视权贵的诗仙

故事　　"谪仙人"李白

　　唐朝时期,最有名的诗人当数李白,他才华出众、脾气古怪。李白30岁的时候来到长安,希望自己能够得到朝廷的重用。但是事情并没有他想象的那么顺利,自来长安之后,朝廷并没有让他做官的意思,这让他很苦闷。

　　有一天,李白和一位朋友到紫极宫去游玩。刚进门,迎面碰到一位白胡子老人。朋友连忙给李白介绍说,这就是著名的诗人和书法家贺知章,当今太子的老师。

　　得见贺知章,李白很兴奋,连忙上前行礼道:"晚辈李白,久闻贺老大名,幸会幸会!"

　　贺知章虽然身处高位,但他也听说过李白的诗名。见这位年轻人仪表不凡,贺知章也十分欢喜,忙把李白带到一座酒楼上,打算和他饮酒畅谈,可当掏钱买酒的时候,才发现身上一文钱也没带。于是,贺知章把衣带上的金龟解下来,交给侍者说:

2. 藐视权贵的诗仙

"把我的金龟拿去换酒！"

李白赶忙劝阻说："贺老，这是皇帝赏赐给您的东西，怎么能换酒喝呢？"

贺知章大笑，说："这有何妨，老夫今天没带钱，但不喝酒，我们怎么能聊个痛快呢！"李白一摸身上，也没带钱，又是晚辈，只好听从。

贺知章问："太白，最近有什么新的诗作，可以让我先看看吗？"

李白从怀里掏出一卷诗稿，恭敬地递给贺知章，说："这是我前几天刚写的诗，请您多多指教。"

贺知章打开诗稿，诗的题目是"蜀道难"，他边念，边不住点头称赞。等到念完全篇，他激动地竖起大拇指，称赞说："你这诗文，气魄雄伟，惊天地，泣鬼神！"这时候，那位朋友见贺知章喜欢李白的诗作，就赶忙建议李白将《乌栖曲》也念给贺老听。李白站起身，从容地吟诵："姑苏台上乌栖时，吴王宫里醉西施。吴歌楚舞欢未毕，青山欲衔半边日。银箭金壶漏水多，起看秋月坠江波。东方渐高奈乐何！"

等到李白念完了全诗，贺知章老泪纵横地说："这首诗实在是太凄惨了，就是鬼神听了也要痛哭啊！"他端详着李白，突然说道："你莫非是

天上下凡的谪仙人？不然怎么能写出这么好的诗呢？"

自此之后，李白"谪仙人"的称号传遍了大江南北，连唐玄宗都听说了，于是在贺知章的陪同下，李白去朝见了皇帝。唐玄宗很欣赏李白的才华，但是当时朝廷的大权把持在宰相李林甫和宦官高力士等人的手里，李白并没有机会施展抱负，只得了个翰林供奉的闲职。

李白心中烦闷，必会去酒楼喝酒。这天，他又喝了有七八分醉，突然看到李龟年跑进来说："太白，皇上召你立刻进宫！"

原来，唐玄宗和杨贵妃正在宫中的沉香亭里观赏牡丹花，命李龟年率领一群演员唱歌助兴。他们总是唱同样的几段词，唐玄宗早听腻了，便想起了李白，于是派李龟年来叫他去写新歌词。

李白听了，满不在乎地说："不着急，几首歌词算什么，来，喝几杯再去！"

"不行啊，不能再喝了，皇上和贵妃已经等半天了！"李龟年急得满脸通红。

"哈哈哈，皇上？我可是酒中仙人啊，我酒还没喝够呢！"李白大笑着回答。

李龟年看李白醉了，不由分说，命令同来的

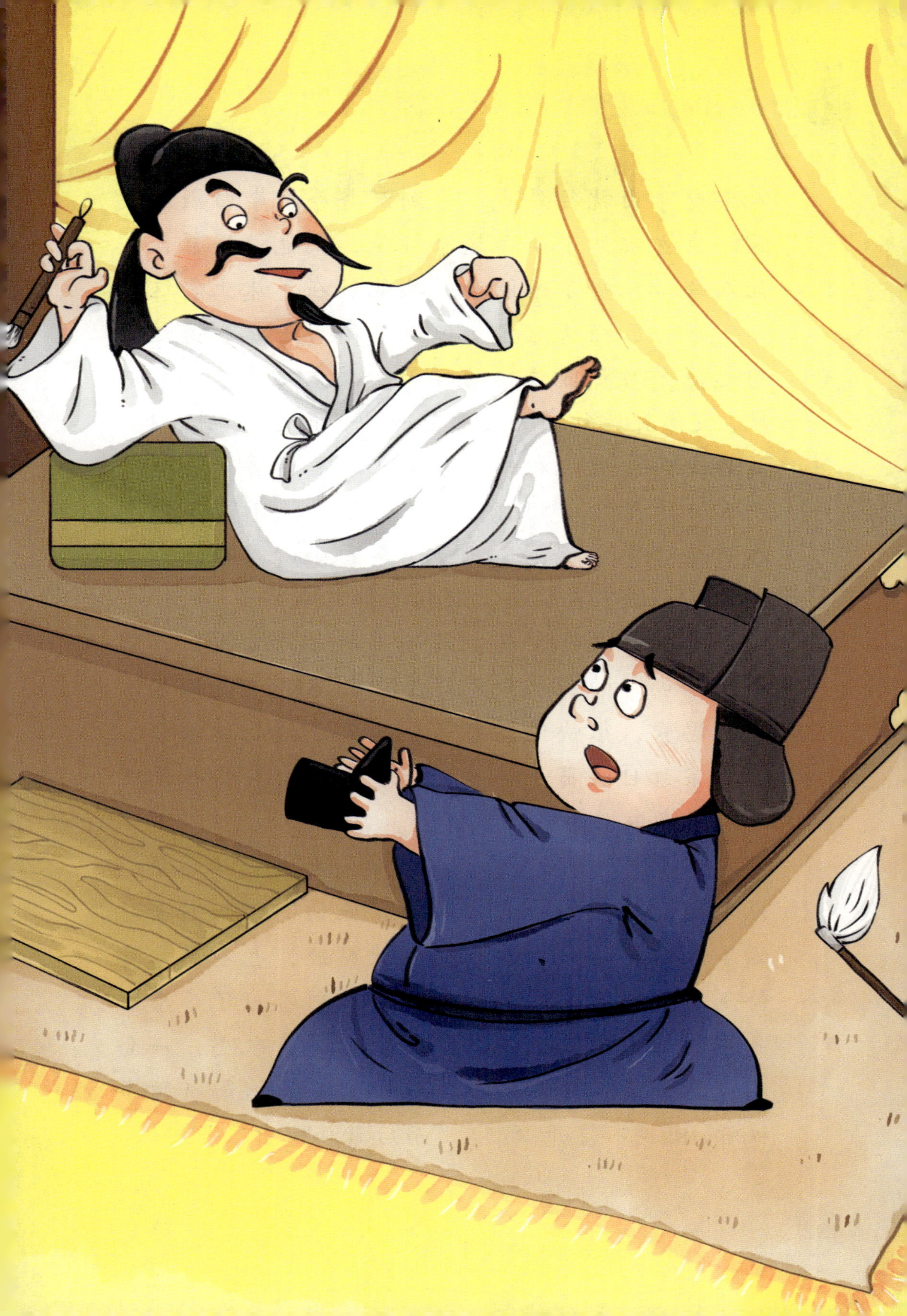

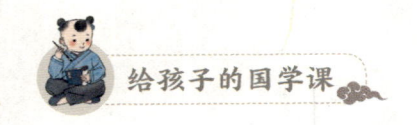

人架起李白就往外走。来到沉香亭，李白酒还没醒。唐玄宗见了李白这个样子，倒也没怪罪他，让人给李白喝了醒酒汤，扶他躺在了床上。这时候，李白已经清醒了，但他见高力士正在身边，想起他平时作威作福的样子，故意要杀杀他的威风，突然把脚往高力士面前一伸，吼道："脱靴！"高力士哪受过这种气，差点儿气歪了鼻子，正要发火，看见皇帝朝自己连连递眼色，不得不忍气吞声地替李白脱下了靴子。李白小心思得逞，心中暗喜，便不再装醉，爬起来拜见皇帝。

　　唐玄宗没有生气，只是叫李白马上写出三首"清平调"的新歌词来。李白的名声不是假的，稍加思索，很快便写好了。李龟年谱上曲演唱，唐玄宗亲自吹笛子伴奏，杨贵妃陶醉在悠扬动听的乐曲声中，高兴得不得了。

　　可是，高力士等人恨死了他，他们造谣诽谤，说李白的坏话，唐玄宗听信了他们的话，渐渐疏远了李白。李白看到朝廷如此腐败，也不愿意再待下去，便请求离去，唐玄宗立刻答应了。李白身穿锦袍，骑着五花马，一会儿高声歌唱，一会儿纵情大笑，并在诗中写道："安能摧眉折腰事权贵，使我不得开心颜！"而后潇洒地出了长安城。

2. 蔑视权贵的诗仙

评析

我们现在所学习的唐诗是"近体诗"，基本格式有四种：五言绝句，七言绝句，五言律诗，七言律诗。绝句四句，律诗八句，近体诗对音韵格律的要求比较严格。根据写作风格的不同，后人将唐朝诗人划分成了几个派别，比如李白代表的浪漫诗派、杜甫代表的现实诗派、王昌龄代表的边塞诗派和王维代表的山水田园诗派等。

知识拓展

诗坛名人及称号：

初唐四杰——王勃、杨炯、卢照邻、骆宾王；

诗仙——李白；诗圣——杜甫；诗骨——陈子昂；诗杰——王勃；诗狂——贺知章；诗家天子——王昌龄；诗奴——贾岛；诗豪——刘禹锡；诗佛——王维；诗魔——白居易。

思考

下面哪个人不是唐朝的诗人？（　　）

A. 王昌龄

B. 白居易

C. 苏轼

D. 王维

3. 山坡上的词人

故事　　　　**文豪苏轼**

　　四川这个地方，文豪辈出，唐朝的诗仙李白出生于四川，宋朝的大文豪苏轼也是四川人。苏轼的父亲苏洵27岁才开始发奋读书，但是学习很用功，而且他还把所学到的知识和品行传授给他的两个儿子——苏轼和苏辙。

　　1056年，苏洵带着21岁（农历虚岁）的苏轼、19岁的苏辙，从偏远的西蜀来到京城参加科举考试。当时的主考官是文坛领袖欧阳修，小试官是诗坛宿将梅尧臣。二人读到了一篇清新脱俗的文章，感到非常震惊。欧阳修非常赏识这篇文章，但试卷上的名字是遮盖住的，看不到名字，他误认为是自己的学生曾巩写的，为了避嫌，他只好把这篇文章评为第二，把原本第二的文章评为第一。等到公开成绩的时候才发现，原来那篇绝妙的文章不是曾巩写的，而是苏轼写的。欧阳修见到苏轼后，称赞他说："这个人是一个优秀的读

书人，将来他的文章将独步天下！"苏轼从此名声大振，并走上为官之路。

苏轼的仕途并不顺畅，多次被人排挤，不过他很想得开，不管在哪儿，都能够清净自在地生活。在被贬谪到黄州的时候，他闲来无事，还开辟了一片小山坡种瓜种菜，也是从那时起，苏轼便多了个名号，叫"东坡居士"。

苏轼的第一任妻子叫王弗，是中岩书院院长王方的女儿。早在苏轼在中岩书院读书时，王弗就时常听父亲夸赞苏轼聪明机智、学识过人。她十分好奇，便悄悄躲在树林里观察苏轼，看到苏轼长相英俊，又知他才气过人，便对苏轼心生好感。王弗的丫鬟看出了她的心思，在她正看得入神的时候，丫鬟在旁边大声喊道："小姐，你最喜欢的飞来凤花开了！"

王弗被丫鬟吓了一跳，苏轼听见了喊声回头观望，两人四目相对很久，彼此心生爱意。王方很欣赏苏轼的才华，发现了二人的感情后，就把女儿嫁给了苏轼。

二人结婚之后，苏轼自恃才高，觉得王弗并不懂诗书，王弗也从未向苏轼夸耀自己通晓诗书。直到有一天，苏轼读书的时候突然忘词了，王弗

3. 山坡上的词人

便趁机在旁边轻声地提醒了一句，这让苏轼又惊又喜，又问了她很多问题，王弗都对答如流。以后苏轼和客人在家里聊天时，王弗就常常站在屏风后面听他们谈话，事后会告诉苏轼一些人际交往的技巧，让苏轼在官场中游刃有余。

可是好景不长，王弗在27岁那一年，因积劳成疾去世了。

苏轼悲痛欲绝，将王弗葬在自己母亲坟地的附近，并在坟地周边种植青松陪伴王弗。王弗去世后的十年里，苏轼经常会想起二人共度的美好时光。在王弗十周年忌日那天，苏轼躺在床上，恍惚中看到王弗正坐在窗前梳妆打扮，他不可置信地叫了一声妻子的名字，王弗便转过头来，竟和生前的模样一样，两人再一次四目相对，都悲伤地哭了起来，谁也说不出话。等到泪水打湿了被子，苏轼才睁开双眼，发现原来是自己做了个梦。他再也无法入睡，披上衣服，走到书桌前，写下了一首悼亡词：

十年生死两茫茫，不思量，自难忘。千里孤坟，无处话凄凉。纵使相逢应不识，尘满面，鬓如霜。　夜来幽梦忽还乡，小轩窗，正梳妆。相顾无言，惟有泪千行。料得年年肠断处，明月夜，短松冈。

这首词，千古以来，被人们认为是"悼亡词第一"，每每读来都能让人感受到苏轼的伤心难过和对亡妻的思念。

辞赋就是这样，写词的人记录自己的心境，通过文字的传递，即便相隔千年，读词的人也能感同身受。

评析

宋朝的人们不被唐诗的格律所限制，写起诗来句子长短不一，"宋词"便由此而来，也叫作"长短句"。宋词在文坛的地位，丝毫不低于唐诗，历来与唐诗并称"双绝"。

宋词的书写格式是根据乐曲而定的，人们将不同的格式命名为不同的"词牌名"，比如念奴娇、水调歌头、江城子等，常用的词牌约100个。

两宋期间，以苏轼为代表的著名词人数不胜数，今天我们仍然可以从辞赋中体会到他们当时的情感，实属不易。常读、常写诗词，不仅可以提高写作能力，还能体会到人生的意义。

3. 山坡上的词人

知识拓展

宋词四大家分别是：苏轼、辛弃疾、李清照、柳永。其中苏轼和辛弃疾是豪放派代表，李清照和柳永为婉约派代表。

思考

下面哪个不是宋朝的词人？（　　）

A. 杜牧
B. 辛弃疾
C. 李清照
D. 苏轼

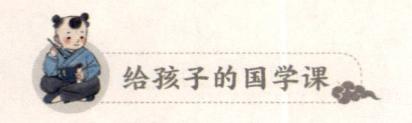

4. 风靡一时的小说

故事 **美猴王**

相传在东胜神洲傲来国花果山顶有一块仙石,有一天,仙石突然炸开,从里面跳出来一只石猴,巨大的响动连天上的神仙都听到了。这只石猴非常灵敏聪明,他与花果山上其他的猴子交朋友,并带领着群猴闯进水帘洞,在那里安家,他凭借高超的本领,被群猴拜为"美猴王"。

小猴子跟他说:"大王,听说这世界上有神仙,他们会长生不老的法术,你要是学会了,也能长生不老了!"美猴王听了之后,便有了学习法术的想法,于是他独自撑着小船,漂洋过海去寻找神仙。可他并不知道神仙在哪儿,只能四处寻找,途中误打误撞来到了一个渔村。他看到当地的人都有衣服穿,只有他还光着身子,于是他顺手拿了一户人家的衣服套在身上,穿好鞋子,戴上帽子,还学着人的模样去饭馆饮酒吃面,奇怪的样子常常惹得人们捧腹大笑。

4. 风靡一时的小说

猴王边走边打听，终于在灵台方寸山的斜月三星洞，找到了菩提祖师，跟随菩提祖师一起参禅悟道，学习武艺，掌握了七十二般变化，菩提祖师还为他取了个人类的名字，叫孙悟空。

孙悟空学了一身本领之后，辞别菩提祖师，准备回到花果山。他腾云驾雾来到花果山上空的时候，发现群猴正在被混世魔王欺负，于是纵身跳下，与混世魔王展开了一场厮杀，最后孙悟空用所学的本领很快就把混世魔王打败了。花果山上喜气洋洋，小猴们更加崇拜孙悟空了。在小猴的建议下，他又闯入东海龙宫，将龙王的镇海神针和战袍据为己有。

孙悟空因阳寿已尽被鬼差拘拿而大闹地府，销毁关于他和世上的猴子猴孙的生死簿，返回人间。阎王上报天庭，玉皇大帝欲捉拿悟空，太白金星建议招安。孙悟空被召上天宫，被骗封为弼马温，后来才知道原来这官是负责养马的，大怒，打出南天门。回花果山时，两个独角鬼王前来投奔，建议孙悟空自封"齐天大圣"。这下玉帝不再容忍了，命托塔天王与哪吒率领天兵天将杀向花果山，哪知这些神仙都不是孙悟空的对手。玉帝不得不二次招他上天封他为齐天大圣，并派他

掌管蟠桃园。一次，正赶上王母娘娘开蟠桃盛会，悟空听说王母娘娘没有邀他参加盛会，一气之下便驾上祥云，直奔蟠桃园，痛饮仙酒，偷吃仙丹，还把蟠桃拿回花果山给小猴们吃。

这下玉帝更生气了，决定不管付出多大代价，都要降伏孙悟空。玉帝首先派二郎神去对付孙悟空，可二郎神与孙悟空难分胜负，还是太上老君趁机从空中抛下金刚琢，才将孙悟空打倒。玉帝命天兵天将把孙悟空押上斩妖台，刀砍斧剁，雷打火烧，但孙悟空先前偷吃了太上老君的金丹，因此毫发无损。实在没办法了，玉帝便命太上老君将孙悟空带回兜率宫，投入八卦炉中，用三昧真火烧炼。不料经过七七四十九天的烧炼，非但没把悟空炼化，还给他炼就了一双火眼金睛。孙悟空盛怒之下打上通明殿。

满天的神仙竟没有一个是孙悟空的对手，无奈之下，玉帝请来西天的如来佛祖与孙悟空斗法。如来佛祖法力高强，孙悟空不是他的对手，几番对决之后，终于被如来佛祖用五指化作的五行山压住，这一压便是500年……

4. 风靡一时的小说

评析

　　美猴王孙悟空的故事，出自四大名著之一的《西游记》，书中描写了孙悟空陪同唐僧西天取经斩妖除魔的故事，孙悟空不畏艰险、勇于挑战、百折不挠的精神，值得我们学习。

　　四大名著是指《水浒传》《三国演义》《西游记》《红楼梦》四部小说，属于文学作品，小说是明清时期非常流行的文学体裁。此四大巨著在世界文学史上的地位难分高低，可以说是中国文学史上的四座伟大丰碑。

知识拓展

　　四大名著以及作者（按成书时间先后）：
《水浒传》——施耐庵；《三国演义》——罗贯中；《西游记》——吴承恩；《红楼梦》——曹雪芹。

思考

下面哪个说法是错误的？（　　）
A.《西游记》的作者是吴承恩。
B. 四大名著最早成书的是《水浒传》。
C.《三国演义》的作者是施耐庵。
D.《红楼梦》是四大名著中最后出版的。

5. 喜鹊会搭桥

故事 牛郎织女

天上有两颗闪亮的星星，一颗叫牵牛星，一颗叫织女星，经过长时间相处，两颗星星彼此心生爱慕。可是，天条是不允许私自相恋的，王母发现之后，便将牵牛贬下凡尘。织女是王母的孙女，王母舍不得她下凡，就惩罚她不停地织布。自从牵牛被贬之后，织女愁眉不展，常常以泪洗面。

一天，几个仙女恳求王母准许她们去人间碧莲池一游，王母心情好，便答应了她们，还同意她们带上织女一起去散散心。

牵牛被贬之后，落生在了一个农民家中，名叫牛郎，他自幼父母双亡，跟着兄嫂度日。兄嫂待牛郎非常刻薄，非要与他分家，而且只给他一头老牛。从此，牛郎和老牛相依为命，两年后，他们营造成一个小小的家，勉强可以生活。家里除了那头不会说话的老牛外，只有牛郎一人，十分冷清。有一天，老牛突然开口说话了，它对牛郎说:"牛郎,今天你去碧莲池一趟,那儿会有仙女在洗澡,你把那件红色的仙衣藏起来,穿红仙衣的仙女就会成为你的妻子。"

牛郎被吓了一跳,颤抖地问道:"牛大哥,你真会说话吗?你说的是真的吗?"老牛点了点头。

牛郎听了老牛的话,便悄悄躲在碧莲池旁的芦苇丛里,等候仙女们的来临。不一会儿,仙女们果然从天而降,跃入池塘中嬉戏,牛郎便悄悄地从芦苇丛里跑出来,拿走了红色的仙衣。仙女们见有人来了,忙乱地穿上自己的衣裳,一个接一个地飞走了,就只剩下那件红衣的主人——织女。这时,牛郎走上前来,对她说:"你答应做我的妻子,我就还你衣服。"

开始织女很生气,但仔细一看,眼前人正是自己日思夜想的牵牛,当即便答应了。他们结婚以后,男耕女织,相亲相爱,日子过得非常幸福,还生下了一儿一女,十分可爱。

有一天,织女正在做饭,牛郎匆匆赶回来,眼睛红肿着告诉她:"牛大哥死了,它临死前说,要我在它死后,将它的皮剥下放好,有朝一日,披上牛皮,就可飞上天去。"织女一听,便明白

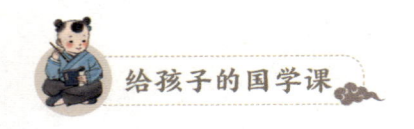

过来，老牛就是天上的金牛星，也是被贬下来的，但它为什么会突然死去呢？织女百思不得其解，只好告诉牛郎按老牛的嘱咐去做。

就在这时，天空狂风大作，密密麻麻的天兵天将从天而降，不容分说，押解着织女便飞上了天空。正飞着，织女听到了牛郎的声音，回头一看，只见牛郎用一对箩筐挑着两个孩子，披着牛皮赶来了。他们之间的距离越来越近了，眼看牛郎就要追上织女了，王母突然赶来，拔下头上的金簪，往他们中间一划，霎时间，一条天河横在了织女和牛郎之间，牛郎无法越过。

天河两边的一家四口，哭得死去活来，他们的哭声，催人泪下，连在旁观望的仙女、天神们都觉得难过。王母见此情景，也于心不忍，便同意让牛郎和孩子们留在天上，每年七月初七，让他们相会一次。

七月初七那天，无数的喜鹊会飞上天空搭一座桥，帮助他们一家团圆。传说，七月初七夜里，若是人们在葡萄架下静静地听，可以隐隐听到织女和牛郎在说话。

5. 喜鹊会搭桥

评析

"牛郎织女"的故事是民间传说，源于人们对自然天象的崇拜，后来发展成为七夕节。每到过节时，女性会向着天上的织女星和牵牛星许愿，希望自己能有智慧的头脑、灵巧的双手与美好的姻缘。

民间传说通俗易懂，直击人心，流传广泛，我国四大民间传说《梁山伯与祝英台》《孟姜女哭长城》《白蛇传》《牛郎织女》都是在表达当时人们心中的苦闷和真切的期望。

知识拓展

鹊桥仙

〔宋〕秦 观

纤云弄巧，飞星传恨，银汉迢迢暗度。金风玉露一相逢，便胜却人间无数。

柔情似水，佳期如梦，忍顾鹊桥归路。两情若是久长时，又岂在朝朝暮暮。

思考

下面哪个说法是正确的？（　　）

A. 牛郎和织女是真实存在的。
B. 七夕节与牛郎织女无关。
C. 四大民间传说包括《窦娥冤》。
D. 民间传说不等于历史。

6. "义绝"关云长

故事 　　　千里走单骑

　　东汉末年,曹操挟天子以令诸侯,刘备作为天子的皇叔,曾计划刺杀曹操,但没有成功,还被曹操发现了。于是曹操率兵到徐州攻打刘备,刘备无计可施,听了张飞的话,连夜去偷袭曹营,谁知却中了曹操的埋伏。刘备、张飞各自走散,刘备一个人投奔了袁绍,张飞则逃到了芒砀山。

　　曹操的军队人数众多,负责守卫刘备家人的关羽实在敌不过,被曹操的兵马包围在了一座山头上。曹操派张辽前去劝说关羽投降,关羽思考再三,答应降曹,但有三个条件:一是只降汉朝,不降曹操;二是用刘备的俸禄奉养他的两位嫂子;三是一旦知道刘备的下落,便要去寻找刘备。

　　曹操爱惜关羽的才华,答应了他。到了曹营后,曹操频繁地宴请关羽,送给他无数的金银财宝,还将吕布的赤兔马送给了他。曹操做的一切都是为了关羽能够真心臣服于他,关羽也明白曹操的

6. "义绝"关云长

心意，心怀感激，但是他挂念旧主刘备，无论如何都不能背信弃义，投降曹操。

过了些日子，袁绍起兵攻打曹操，袁绍的先锋大将颜良勇不可当，连续斩杀曹操的多名战将。谋士程昱建议曹操派关羽迎战颜良，如果关羽斩杀颜良，袁绍必会因仇恨关羽而杀了刘备，这样关羽就不会离开曹操了。关羽对曹操的厚待一直心中有愧，能够为曹操出战一场，也算是还了恩情，便上马出战。颜良哪是关羽的对手，几个回合便被关羽斩于马下。第二天关羽又斩了袁绍的另一大将文丑，曹操大胜。袁绍知道细情之后，非常生气，便叫人绑了刘备。刘备镇定地说："曹操是故意要激怒你，借你的手来杀我，关羽并不知道我在你的军营里，我马上写信让关羽到河北来投靠你，如何？"袁绍听了非常高兴，便没有杀刘备。

关羽见到刘备的书信，急忙来向曹操告辞，曹操故意不见他。关羽便将曹操过去送他的财物全部留下，将自己的汉寿亭侯大印挂在房梁上，保护着两位嫂子找刘备去了。

这一路上，把守关隘的将军并不知道曹操已经同意了关羽离去，纷纷阻拦。无奈之下，关羽冲破了五个关卡，斩杀了六个守将，才与刘备和张飞再次团聚。

评析

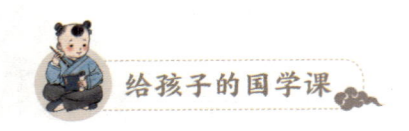

"千里走单骑"是《三国演义》中的一个片段。在整部《三国演义》中，关羽是最忠义的人，无论是金钱还是官位，都不能改变他对刘备的忠心，因此被称为"义绝"。关羽的形象也因《三国演义》而广为人知，清朝时他被人们奉为"武圣"，与文圣孔子齐名。

知识拓展

《三国志》由西晋史学家陈寿所著，记载了三国时期的曹魏、蜀汉、东吴的史实，是二十四史之一。

传统文化中有很多演义、小说和传说，实实在在地影响了人们的价值观，但这只是一种文学形式，其中很多情节都是作者以历史为背景进行想象创作的，不能等同于历史。

思考

下面哪个说法是正确的？（　　）

A.《三国演义》就是历史。
B. 演义是一种文学形式，并不完全真实。
C.《三国志》是一本小说。
D. 关羽被称为"文圣"。

7. 子期不在为谁弹

故事　　　　**伯牙绝弦**

相传春秋时期，有一个叫俞伯牙的人，他从小喜爱音乐，尤其喜欢弹琴。他跟随老师成连学习了三年，琴艺大长，但他还想在艺术上达到更高的境界。老师成连知道了他的心思后，便对他说："我已经把我知道的全都交给你了，如果你还想学会更高的技艺，那我只能带你去找我的老师了。他现在住在东海的蓬莱岛，你愿意去吗？"俞伯牙闻听大喜，连声说好。

他们准备了充足的餐食，乘船往东海进发，行至蓬莱山时，成连对伯牙说："你先在这里等着，我去接老师。"说完，成连便划船离开了。俞伯牙等了很长时间，也不见成连回来，烦闷之中，他抬头望向大海，看到大海波涛汹涌；再回头看看蓬莱山，山林里一片寂静，只听到了鸟儿的啼鸣。伯牙触景生情，仰天长叹一声，缓缓坐下，弹了一首曲子，曲中充满了忧伤之情。曲子弹完之后，

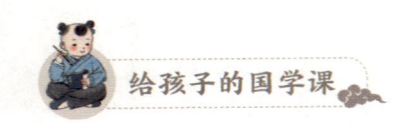

成连笑着走了过来，对他说："恭喜你，你的琴艺有了很大的提高！"其实，哪有什么老师住在蓬莱山，是成连故意把俞伯牙一人留在大自然里，好让他找到那种感受。

后来，俞伯牙成了杰出的琴师，但他依然不快乐，因为没有能够真正听懂他的曲子的人。

有一年，伯牙奉晋王之命出使楚国。八月十五那天，他乘船来到了汉阳江口，哪料风波骤起，无法前进，他只好把船停靠在一座小山坡下。到了晚上，风浪渐渐平息。望着空中的明月，伯牙琴兴大发，拿出琴来，一曲又一曲地弹奏着。正在独自陶醉的时候，伯牙猛然发现岸边站着一个人，他一紧张，"啪"的一声，琴弦被拨断了一根。伯牙赶紧停下，打量着岸边的人，就听到那个人大声地对他说："先生，您不要害怕，我是个打柴的，刚好路过，您的琴声实在是太优美了，就站在这里多听了一会儿。"

伯牙不太相信一个打柴人能够听懂琴曲，于是他问："那请你说说看，我刚才弹的是什么曲子？"

打柴的人笑着回答："您刚才弹的是《孔仲尼叹颜回》，弹到第四句的时候，琴弦断了。"

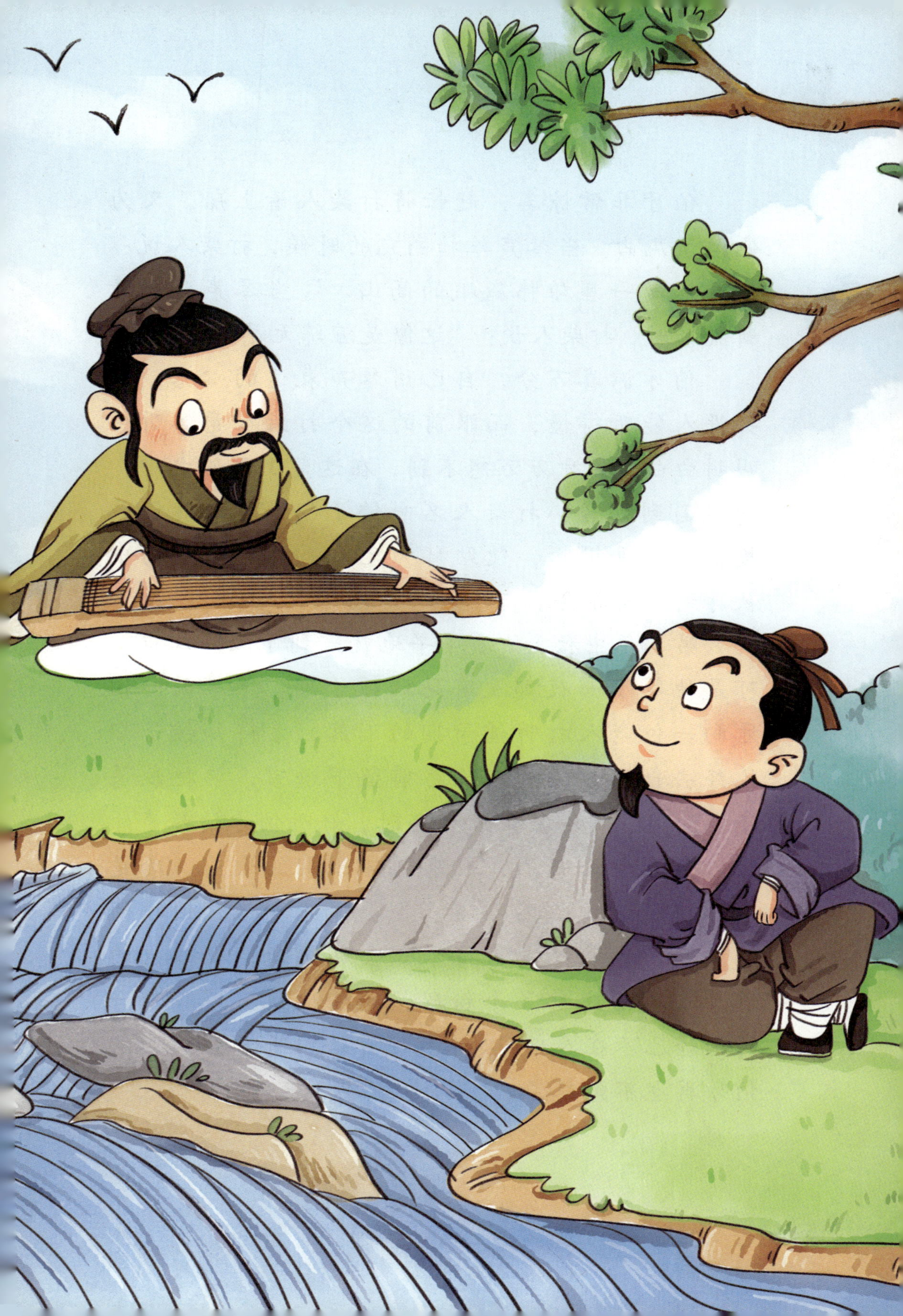

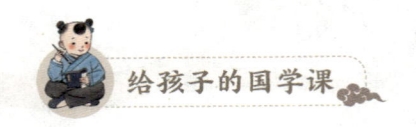

伯牙非常惊喜，赶忙将打柴人请上船，又为他弹了几曲。当琴声雄壮高亢的时候，打柴人说："这像是一座雄伟巍峨的高山。"当琴声变得清新流畅时，打柴人说："这像是缠绵无尽的流水。"

伯牙惊喜万分，自己用琴声表达的心意，过去没人能听得懂，而眼前的这个打柴人竟然听得明明白白。伯牙万万想不到，在这荒山野岭之中，竟能遇到知音！打柴人名叫钟子期，二人越谈越投机，相见恨晚，便结拜为兄弟，约定来年的中秋再到这里相会。

第二年中秋，伯牙早早地就来到了汉阳江口，可是他等了一夜都没有见到钟子期。第二天，伯牙向一位老人打听钟子期的下落，才得知钟子期已经去世了。钟子期临终前留下遗言，要把坟墓修在江边，到八月十五相会时，好听伯牙的琴声。

伯牙十分悲痛，他来到钟子期的坟前，凄楚地弹起了古曲《高山流水》。弹完一曲，伯牙泪流满面，他长叹一声将琴弦全部挑断，把心爱的瑶琴在青石上摔了个粉碎，悲伤地说："我唯一的知音已不在人世了，这琴还弹给谁听呢！"此后，伯牙再也不弹琴了。

7. 子期不在为谁弹

评析

纯真的友谊，需要建立在相互理解的基础上，伯牙与子期二人因琴而结为知音，是友情的典范，"伯牙绝弦"的故事也成了千古绝唱。

知识拓展

琴，现在称作古琴，是中国最古老的乐器之一，有着4000多年的历史，位列"文人四艺"之首，是人与人之间相处的媒介。传说古琴是伏羲发明的，后来舜将琴定为五根琴弦，到周文王的时候，文王增加了一根弦，武王伐纣后又增加了一根弦，所以也叫"七弦琴"。琴历来被文人视为高雅的艺术，也是文人背书、吟唱诗文的伴奏乐器。自古以来，弹琴一直是文人必备的知识和必修的科目，在人们的生活中有很高的地位。《高山流水》属于中国十大古琴曲之一，后世分为《高山》《流水》二曲，现今古筝也有《高山流水》一曲，但与古琴曲无传承关系。

思考

下面哪个说法是不正确的？（　　　）

A. "高山流水"的典故是友谊的典范。
B. 俞伯牙与锺子期从小就认识。
C. 琴是中国最古老的乐器之一。
D. 琴是人与人之间相处的一种媒介。

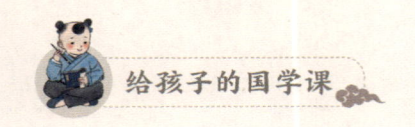

8. 天下第一行书

故事　　　　兰亭雅集

东晋时期，宰相王导有个十分优秀的侄子叫王羲之。王羲之受父亲的影响，从小就喜欢书法，常在父亲的书房里翻弄前人的书迹、碑帖。父亲见儿子兴趣如此之高，就以一本《笔说》为教材，教他笔法、笔势、笔意。王羲之练字非常刻苦，他20多岁的时候，就已经声名远播了，很多人都以得到王羲之的字为荣，就连京城里的大官都争相求他的墨宝。

有一年春天，王羲之请了许多朋友来到会稽山的兰亭聚会，包括司徒谢安、司马孙绰以及附近几个县的县令，还带上了他的几个儿子。正值春暖花开的时节，气朗风清，一行人在山路上悠闲地前行，边走边天南海北地畅聊。

走了一会儿，王羲之提议玩"曲水流觞"的游戏助兴，大伙儿都拍手赞同。于是，大家找到了一条弯弯曲曲的小溪流，每个人找一块临近溪流的石头坐下。王羲之命书童在小溪的上游将斟了一半酒的觞放在一个木盘里，木盘顺流而下，在谁的面前停滞不动，那个人就得赶快作一首诗，作不出诗来，就得罚酒三杯。

当时在场的人，文学功底都很好，一场游戏下来，作出了二三十首好诗，非常尽兴。为纪念这次聚会，大家提议把这些诗编成一册诗集，就以"兰亭"为名，取名为《兰亭集》，然后找一个写字漂亮的人来写一个序，这个人自然就是王羲之了。

王羲之也没推辞，他走到兰亭，环顾四周的山川河流、松竹园林，思绪万千，借着酒意，拿起毛笔，一挥而就。《兰亭集序》共324个字，很快便在全国流传开来，还被人们誉为"天下第一行书"。

唐太宗李世民非常喜爱王羲之的书法，收藏并临摹了王羲之的很多作品，每每得一真迹，便视如珍宝，对于《兰亭集序》，更是日日思、夜夜想。他在得知《兰亭集序》在辩才和尚手里后，便派人将其骗到手。李世民对《兰亭集序》爱不释手，更是将《兰亭集序》的真迹也带进了坟墓，此后世间流传的都是临摹的版本。

评析

王羲之天分极高,再加上他刻苦努力,终成为一代"书圣"。

知识拓展

书法,就是一种用笔写字的艺术,大体分为五种书体:篆书、楷书、隶书、行书、草书。历代文人,都把一手好字当作自己的第二张脸。中国人也历来倡导"端端正正写字,堂堂正正做人",写好字,做好人,是人的一生中非常重要的两件事。

天下三大行书:

《兰亭集序》——王羲之

《祭侄季明文稿》——颜真卿

《黄州寒食诗》——苏轼

思考

下面哪个说法是正确的?(　　)

A. 《兰亭集》是王羲之的作品。

B. 《兰亭集》是王羲之所书。

C. 《兰亭集序》被称为"天下第一行书"。

D. 我们今天所看到的《兰亭集序》是王羲之的真迹。

9. 丹青之妙

故事 **秃尾神马**

画圣吴道子是唐玄宗时期的画师，他小时候家中很贫困，曾随书法大家张旭、贺知章学习书法，后来发愤改学绘画。他刻苦好学，没到20岁，就已经掌握了绘画的妙法，尤其擅长壁画创作。

相传吴道子辞官之后，来到鸡足山，住在金顶寺，那天晚上，他闲暇之余便画了一幅《立马图》，那马画得真是活灵活现，在画最后一笔马尾的时候，他忽然身体不太舒服，无心再画下去，就去休息了。第二天起来，他就直接出门去了，把那幅没画完的《立马图》给忘记了。

吴道子下山后，禅师偶然间看到了《立马图》，才发现马尾巴还没有画，实在是美中不足。但吴道子已经离开，也没什么办法，禅师就随手拿起来挂在了禅堂。禅师每天都要在画前烧一炉香，烧香的时候看那画中的马，好像嘶鸣着要跳下来一样。

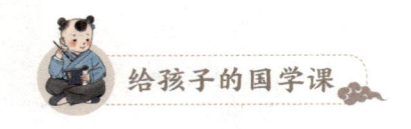

禅师走出禅房，没一会儿，就看到山下有十来个农民吵吵嚷嚷地冲进寺院来，斥责禅师，说寺院有一匹马在糟蹋庄稼，十几个人都抓不住它。禅师百般辩解："各位施主，寺院不可能养马的，而且养马的人那么多，怎么就偏偏说是寺院的呢？"

农民大声喊道："那马没有尾巴，而且就在寺院附近，我们都打听了，没有别人家的马跑出来！"

禅师忽然想起那幅画来，便告诉农民："寺院确实没有养马，但有一幅吴道子大师画的《立马图》，大家快跟我一起来看看！"

农民们走进禅房，一看那图上的马，都大吃一惊，指着画上的马说："就是它，天天夜里偷吃我们的庄稼。"

禅师大怒，指着画里的马骂道："畜生，你竟然去祸害庄稼，我把你扔到火里烧了！"

一说这话，画中的马立即跪了下来，两眼流着泪。

农民们看着很是惊奇，觉得这是一幅神画，烧了可惜，就说："算了吧，只要你诚心改错，不再糟蹋庄稼，你就老实地在画里待着吧，不烧

9. 丹青之妙

你了。"

画里的马听到后，感激地说道："谢谢你们饶过我，我以后再也不会祸害庄稼了。"

从这以后，人们经常看见有匹秃尾马从鸡足山下来，帮农民干活、驮东西。许多人不知道它的来历，可那十来个农民心里明白，它就是吴道子留下的秃尾神马。

评析

在中国画史上，除了画圣吴道子的传说以外，还有"画龙点睛""神笔马良"等很多传说，这些传说都在说明，高超的绘画技巧可以让一幅画充满生机，绘画的至高境界是让画"活"起来。

在空余时间学习琴棋书画等艺术，会让我们的生活充满乐趣。

知识拓展

中国传统的绘画，现在也叫作国画，分为工笔画和写意画两种。国画主要分为人物、花鸟、山水几大类，人物画所表现的是人类社会，人与人的关系；山水画所表现的是人与自然的关系，将人与自然融为一体；花鸟画则表现了大自然的各种生命与人的和谐相处。

国画四君子：梅、兰、竹、菊。

中国古代四大名画：东晋顾恺之的《洛神赋图》、唐朝韩滉的《五牛图》、北宋张择端的《清明上河图》、元朝黄公望的《富春山居图》。

思考

下面哪个说法是不正确的？（　　　）

A. 国画分为写意画和工笔画两种。

B. 国画追求活灵活现的展现。

C. 吴道子被称为"画圣"。

D. 中国古代四大名画包括《千里江山图》。

10. 戏里的女子，戏外的英雄

故事　**京剧大师梅兰芳**

梅兰芳出生在北京的一个京剧世家，他从小父母双亡，由伯父抚养成人。梅兰芳8岁正式学戏，刚开始学戏时，老师教他唱一出旦角开蒙戏《三娘教子》唱段，他背了很长时间台词也背不下来。老师非常不耐烦，理都不理他就走了，但梅兰芳没有因此而灰心丧气，而是更加苦练基本功，人家练10遍，他就练100遍，在他的勤学苦练之下，终于过了台词这一关。

京剧的讲究很多，有一点儿差错就会导致整台戏黯然失色。梅兰芳凭借超乎常人的毅力，一年四季从不间断练习，从眼神到步伐再到嗓音，一关接一关地突破，终于在19岁的时候，在上海的舞台上大放异彩。

1931年，日本侵略者发动了九一八事变，侵占了东北，然后又威胁北京和天津。梅兰芳痛恨敌人，为了不当亡国奴，他举家迁到了上海。在

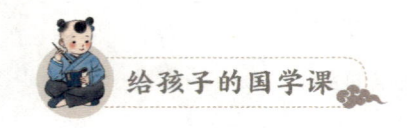

上海，他编演了《抗金兵》和《生死恨》两出戏，表明自己对日本侵略者的痛恨和对祖国的热爱。这两出新戏一上演，就受到很多观众的喜爱，甚至观众们把票房门窗的玻璃都挤碎了。

1937年，日军在发动七七事变后，进攻上海。梅兰芳借着巡演的机会，离开了上海，去了香港。1941年底，日军又攻占了香港。他们知道梅兰芳正在香港，就到处找他，想让他出来唱戏。梅兰芳心想："躲是躲不开了，但我绝对不会为日本人唱戏！"

这天，早晨洗脸时，梅兰芳第一次打破惯例，没有刮胡子。梅兰芳是唱旦角的，在戏中扮演的是女性角色，所以必须每天刮胡子才行，今天破例没有刮胡子，儿子感到很奇怪，问他："爸爸，您今天怎么不刮胡子了？"

"我留了胡子，日本人就不会再让我去唱戏了。"梅兰芳沉重地说。

日本人最终还是找到了梅兰芳，把他接了去。日军司令一见到他，就假装热情地说："我以前看过您的戏，您还记得我吗？哎！您怎么也留起胡子了？像您这样的艺术家，怎么能退出舞台呢？"

梅兰芳笑着说："我已经快50岁了，没法再

10. 戏里的女子，戏外的英雄

上台了。"日军司令看到留了胡子的梅兰芳，就放弃了让他演出的想法。

后来，梅兰芳又回到上海，靠画画卖钱养活家人和与他一起演出过的朋友。上海的日伪政权多次请他出演，都被他拒绝了。一次，日军派人让梅兰芳出演，还说如果不演，就要枪毙了他。梅兰芳事先得到了消息，一连打了三次伤寒预防针。平时，他只要一打预防针就发烧，这次打了三针，差点儿昏死过去。日军军医来检查，一看梅兰芳烧得迷迷糊糊的，只好走了。

1945年，日本投降了，梅兰芳高兴地流下了眼泪，几位朋友也兴高采烈地来到梅家道喜。只见梅兰芳身穿新衣，精神焕发，手里的一把纸扇遮住了半张脸，众人也不知道梅兰芳要干什么。只见梅兰芳笑着把扇子一撤，露出了刮了胡子的面孔，说："抗战胜利了，我可以重新回到舞台唱戏啦！"

不久，梅兰芳就在上海演出了，场场爆满。观众们说："我们就是要看看，8年不给日本人唱戏，如今才刮了胡子的梅兰芳！"

从那以后，京剧表演大师梅兰芳再次回到了舞台之上，继续演绎他的戏曲人生。

评析

道德品质和艺术造诣是艺术家不可缺少的两种素养，梅兰芳先生就是这样一位德艺双馨的京剧大师。在日本人侵略中国的时候，他蓄须明志，没有向日本人屈服，这种爱国精神值得赞美。

知识拓展

京剧这种曲艺形式，诞生于清乾隆年间，分为生、旦、净、丑四个主要行当，还有杂行、武行等，至今已有200多年的历史。无数的京剧艺术家将戏曲作为自己的终身事业，比如清朝的"同光十三绝"，是当时人们的偶像，他们的演出一票难求。京剧发展至今，世界影响非常大，有中国"国剧"之称，也是中国的国粹之一。

京剧脸谱是京剧演员脸上描画的形象，颜色很多，红脸代表忠勇，黑脸代表猛智，蓝脸和绿脸代表草莽英雄，黄脸和白脸代表狡诈凶恶，金脸和银脸代表神妖。

思考

下面哪个说法是不正确的？（　　）

A. 京剧有生、旦、净、丑四个主要行当。
B. 只要京剧唱得好，就可以被称为京剧表演艺术家。
C. 道德品质比艺术造诣更加重要。
D. 京剧是中国国粹。

11. 雅俗共赏的"饮料"

故事　　　**茶圣陆羽**

唐朝时期，有一个特别爱茶的人，名叫陆羽，他经常在全国各处走访，采集好的茶叶，并琢磨如何才能将一碗茶冲泡到极致。

一天，陆羽提着一只竹篮上街，竹篮上还盖了一块白布。他路过一户大户人家门口时一股茶香扑鼻而来，于是便笑着走上前去。大户人家的门童很傲慢，冷冷地问他："你要干什么？"

陆羽笑嘻嘻地说："我想讨一杯茶喝。"

门童还从没听说过讨茶的人，又问了一句："你说的是讨茶还是讨饭？"

陆羽彬彬有礼地说："我刚闻到院内茶香四溢，请您赐我一杯茶喝。"

门童感到很奇怪，大清早的不讨饭却讨茶，从来没听说过，不过看这个人相貌堂堂，并不像是乞丐，于是就倒了一碗茶给他。陆羽赶忙接过茶，抿上一口，发现这是新品种，心里暗暗称赞：好

茶！他转念一想，门童都能喝到这样的好茶，那主人的茶岂不是更好！于是他开口对门童说："这茶真香，我想求见你家主人，烦请您通报一声。"

门童又仔细地打量了他一番，看他不同凡俗，便进去禀报。

主人卢仝正在书房，他也是个爱茶的人，听门童讲述了刚才的事，想了一想，说道："你让他进来吧。"

门童把陆羽领到书房，卢仝一看，来者长得端庄文静，非同一般，就拿出一些极为名贵的玉带茶，泡在茶壶里，顿时满屋子都是香气。"好茶！好茶！"陆羽闻到茶香缭绕，点头含笑，连连称赞，接着又摇头说道，"可惜啊可惜！"

卢仝被他绕蒙了，忙问："兄台，什么可惜啦？"

陆羽答道："茶是好茶，可惜茶具不好。"

陆羽提起竹篮，把盖在篮上的白布揭开，原来里面放的是一只紫砂茶盘，上面有一把紫砂茶壶、四只紫砂茶盅。陆羽笑着说："你的茶具泡茶，只能屋里飘香，而用我的茶具，可以让你满院子都是香气。"

卢仝觉得新奇，便拿陆羽的茶壶泡茶，茶刚

11. 雅俗共赏的"饮料"

泡开，果然满屋满院香气四溢。

卢仝喜出望外，明白陆羽是个有学问的人，于是和陆羽结拜为兄弟。自那以后，他们二人为探讨茶的学问而四处奔走。听说江南苏州虎丘山明水秀，泉水从岩石里沁出，他俩就跑去用这里的山泉煮茶，果然茶水甚为甘美。

陆羽用了大半生钻研茶道，将所有的心得记录在了《茶经》一书之中，也因此被后人称为"茶圣"。

评析

茶在我们的生活中有着非常重要的地位，无论南方还是北方，凡是来了客人，沏茶、敬茶的礼仪是必不可少的，甚至与用餐有着同等重要的地位。

品茶被视为一种生活艺术，沏茶、赏茶、闻茶、饮茶也被视为增进友谊的方式。

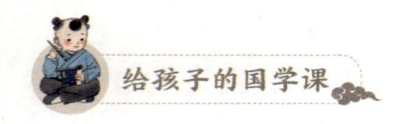

知识拓展

茶是中国人的传统饮品，有几千年的历史。关于茶的起源，有人认为起源于上古，有人认为起源于周朝，说法不一。唐代以前是没有"茶"这个字的，直到陆羽编著《茶经》的时候，才将"荼"字减一画而写成"茶"。

七碗茶诗（节选）

〔唐〕卢　仝

一碗喉吻润，二碗破孤闷。

三碗搜枯肠，惟有文字五千卷。

四碗发轻汗，平生不平事，尽向毛孔散。

五碗肌骨清，六碗通仙灵。

七碗吃不得也，唯觉两腋习习清风生。

思考

下面关于茶的说法哪个是不正确的？（　　）

A.《茶经》是茶圣陆羽编写的。

B. 茶是中国人生活中最常见的饮品。

C. 唐朝以前就有"茶"字。

D. 品茶是一门艺术。

五、生活习俗

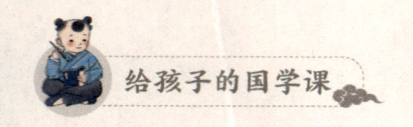

1. 汉民族的服饰

故事　　　　**养蚕缫丝**

上古时期，黄帝带领人们战胜了蚩尤之后，人们就推举他做了部落的首领。黄帝深感责任重大，下决心要让部落中的人们过上和平富足的生活。

一天，黄帝把他的大臣和妻子嫘祖召集到一块儿，对他们说："以前战争不断，咱们没有时间去考虑生产的问题，现在天下太平了，我们要负起这个责任，要带领人们种植五谷、制造耕具、缝制衣服，改善生活。缝制衣服的事，就由王后来操持吧！"

嫘祖是位既贤德又能干的女子，她马上开始吩咐辅助她做事的大臣："胡曹，你负责做帽子；伯余，你负责做衣服；于则，你负责做鞋。我带着人剥树皮，纺麻网，加工皮毛，为你们提供材料。"

在嫘祖的操持下，部落里的人很快都穿上了合体的衣裳，戴上了漂亮的帽子，脚上也有了舒服的鞋子。可是，嫘祖却累倒了，什么也吃不下。侍

1. 汉民族的服饰

女们心疼王后，便悄悄商量了一下，决定去给王后采点新鲜的果子。第二天一早，她们留下一个人在家看护嫘祖，其余的人都上了山。她们漫山遍野地走了大半天，采到的果子不是苦就是酸，实在没法入口。

眼看天就要黑了，大家垂头丧气地准备往回走。忽然，一个侍女高声喊叫起来："快来看哪，这小白果有多漂亮。"侍女们赶紧应声跑了过去。她们发现，河沟旁有一片桑树林，桑树上结满了雪白色的小果子。她们太高兴了，尝都没尝一下，就摘了满满一筐回去。回到家中之后，她们才想起来要先尝一下才能给嫘祖吃，可是一入口发现根本咬不动，她们决定用水煮一下，看看能否给煮软了。煮了好一阵子，小果还是没什么变化，有个侍女急了，拿起一根细木棍，便在水里乱搅起来，谁知搅了一阵，木棍上竟缠绕了许多像头发一样细的白色丝线。

嫘祖听说了这件新奇的事之后，便让人扶着她过来看。嫘祖仔细观察了一会儿，笑了，说道："你们发现的果子虽然不能吃，但是能派上大用场，如果用它的丝线织成衣服，那一定既漂亮又舒服！"嫘祖非常高兴，心情一好，病也就好了。

第二天，嫘祖和侍女们又来到了那片桑树林，

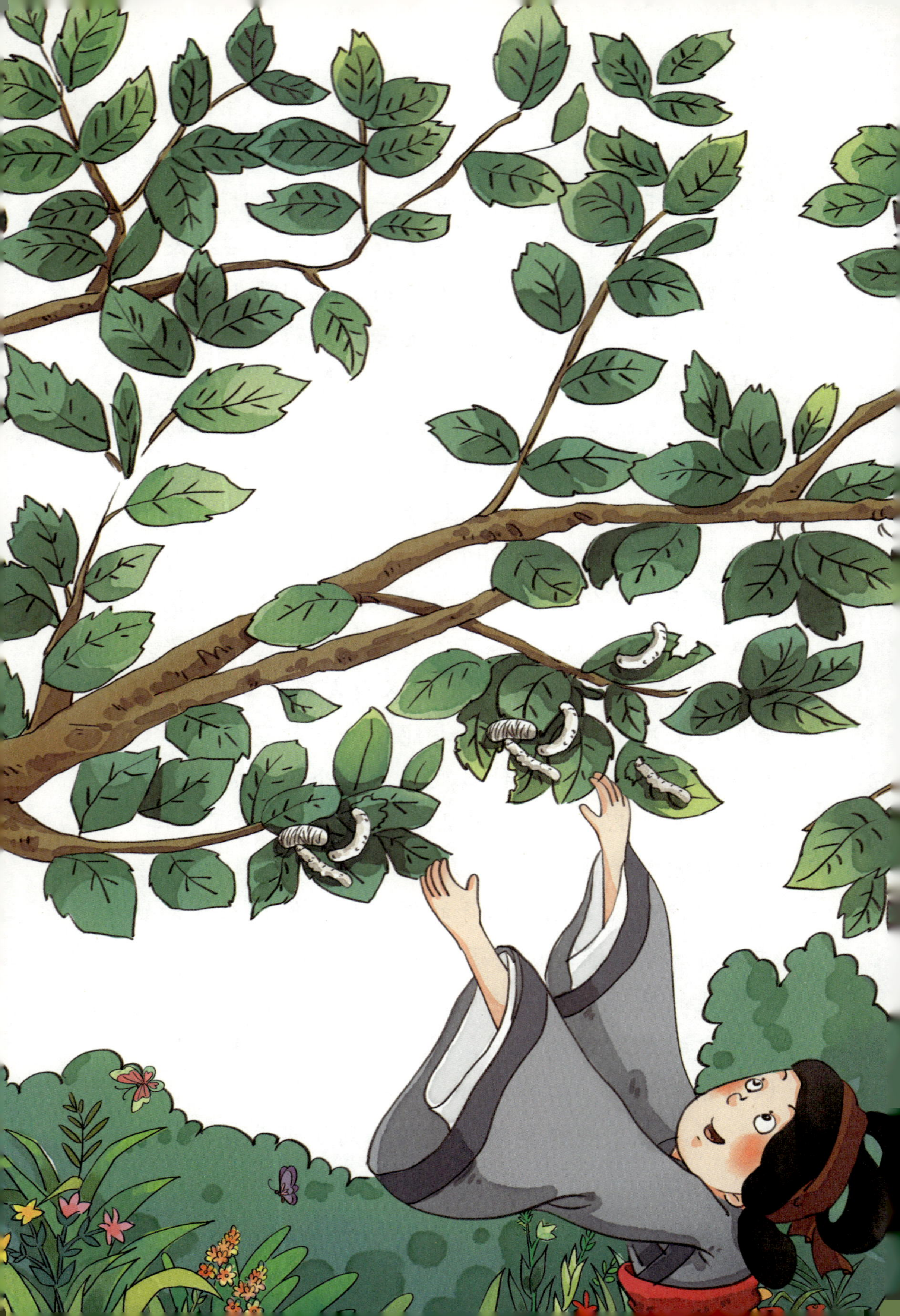

1. 汉民族的服饰

经过观察发现，那白果子并不是树上结出来的，而是从虫子口中吐出的细丝缠绕而成的。嫘祖便给这种虫子取名为"蚕"，给它织成的白果子取名为"茧"。自此以后，嫘祖就开始带领人们栽种桑树，养殖蚕虫，然后用从蚕茧中抽出来的丝织绸做衣。

从嫘祖"养蚕缫丝"开始，汉民族的传统服饰便正式诞生了。最开始的衣服分为上下两截，上半身叫作"衣"，下半身叫作"裳"，人们也将衣服叫作"衣裳"。

今天我们把汉民族传统服饰简称为"汉服"，汉服没有扣子，采用系带子的方式系住衣服，即便有扣子，也要将扣子遮盖起来；在穿着汉服的时候，必须是左衣襟在上，右衣襟在下，称作"交领右衽"。

评析

美丽而动听的传说虽然不足以作为养蚕、缫丝、织绸、制衣起源的论据，但它至少说明，我国最早是用野蚕丝织造丝绸的，后来才改用家蚕丝。丝绸的出现比棉布要早得多，大约在上古时代，就有了原始的蚕丝利用技术。那么，是谁最早创造这一技术的呢？不用说，是我国勤劳、智慧的人民，而嫘祖是当时劳动人民的集中代表。"衣冠"象征着文明，衣冠端正是每一个中国人的基本修养。

知识拓展

汉服有着非常明显的特点，比如汉服的袖子既宽又大，尤其是礼服，能够显示出雍容大度、典雅庄重的风采。汉服也是最符合中国人审美的服饰，无论整体还是细节，无不体现着中华文化的博大精深。中国之所以被称为礼仪之邦，一个重要的原因就是历朝历代都对服饰的礼仪制度有严格的规定，根据身份的不同，从帽子、衣服款式、颜色到鞋子及配饰，都有清晰的划分。

在汉服的发展过程中，为了让服饰更加美观，人们会用针线在衣服上绣各种图案，久而久之，形成了一种"刺绣"工艺。自古以来，中国就有四大名绣，分别是苏州苏绣、湖南湘绣、广东粤绣、四川蜀绣。

思考

下面哪项是错误的？（ ）
A. 汉服是有严格礼仪制度要求的。
B. 汉服诞生于黄帝时期。
C. 汉服穿戴时是用右衣襟压盖左衣襟。
D. 衣冠端正是人的基本修养。

2. 民以食为天

故事　　　　**神农传五谷**

传说在开天辟地后，人们的生活方式与动物几乎一样，运气好能够打到猎物，运气不好就只能吃野果充饥，到了冬天，连野果都没有的时候，人们经常饿肚子。

玉皇大帝可怜人们，就把天上下的雪变成白面，把雨变成油，让人们不用为吃饱肚子而发愁。

突然有一天，玉皇大帝想考验一下人们是否珍惜这天赐的粮食，就打发太白金星来到人间。太白金星摇身一变，变成了一个穷苦的老太太，走到一户人家，向一个中年女子祈求道："请你行行好，我太饿了，能把你那白面饼给我一个吗？"

这个女子回头瞟了一眼，说道："你还想吃饼？我那饼还留着给我女儿做垫子呢！"

太白金星一听，人们不仅不珍惜粮食，还没有善心，就回到天庭把这件事告诉了玉皇大帝。玉皇大帝很生气，从此就不再下面雪和油雨了。

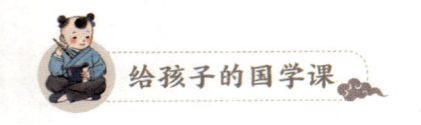

没有了天赐的粮食，大伙儿开始慌了。恰巧赶上神农氏遍尝天下草药给人们治病，大伙儿就去找他帮忙。神农氏说："我家养了一条白狗，也是天上神物，我叫它到如来佛那儿求他给想想办法吧。"大伙儿非常高兴，连连拍手说："好！好！太好了！"

神农氏回到家，对白狗说："现在玉皇大帝不给人们粮食了，大家都饿肚子呢，你去如来佛祖那儿求求情，求他给想想办法吧！"白狗听了神农氏的话后，便一跃而起，朝西天飞去。玉皇大帝要惩罚人们，不想让白狗到达西天，就派太阳去阻拦它，哪知白狗非常勇猛，一口就把太阳咬掉一半。玉皇大帝见太阳没拦住它，又派月亮去挡它，白狗依然不害怕，一口也给月亮咬掉一半，月亮吓得直叫。

白狗一路向西，终于见到了如来佛祖，佛祖轻咳一声，拿出了五束不同的谷穗儿，对白狗说："你把这些谷穗儿叼回去，让人们种上，就能长粮食了。"白狗把这些谷穗儿叼回来，交给了神农氏，神农氏就带领人们一起将谷穗儿种在地里。

可是，那时候人们并不会种地，虽然能长出粮食，但打的粮不多。有一天，猪精黑煞神下界，

2. 民以食为天

发现人们种地的时候，速度太慢而且种子埋得太浅，它就变化出原形，用它厚实有力的嘴，把地拱成一垄一垄的。神农一看高兴了，就在垄台上撒种，那一年，庄稼长得特别好。但黑煞神不能老在人间拱地啊！于是天上的金牛星就打发儿子和儿媳妇下界，帮人们种地。神农氏将犁杖套在牛的身上，耕起地来既省力，速度又快，种子也能埋得深。从此，人们就学会了种地，不再经常饿肚子了。

几千年下来，人们在五谷的基础上，发现和培育出了很多种食材。在吃食上，中国人是最讲究的，中国的饮食文化也是世界上独一无二的。明确长幼尊卑的次序、正确地使用碗筷、文明端庄的坐姿都是中国人用餐最基本的礼节。

评析

无论是天子还是平民百姓都要吃饭。中国人非常善于钻研饮食，能够将普通的食材烹制成美味佳肴，还融入了器具、地域、气候、中医、礼节、五行等很多文化元素，饮食文化博大精深，让人非常享受。中国人做事最讲究"火候"，这也是从烹饪当中悟出的道理。我们要珍惜祖先留下来的文化宝藏，珍惜每一粒让我们填饱肚子的粮食。

知识拓展

传说中如来佛祖赏赐的五种谷物，就是人们常说的"五谷"，是上古时期最常见的五种谷物：稻（水稻）、黍（黄米）、稷（小米）、麦（小麦）、菽（大豆）。后来人们又种植了五种蔬菜，称作"五菜"：葵（冬葵）、韭（韭菜）、藿（大豆叶）、薤（山蒜）、葱（茎白）。

经过几千年的沉淀和积累，根据各地域饮食特点的不同，清朝末年形成了八大菜系，分别是川菜、鲁菜、江苏菜、粤菜、浙江菜、闽菜、湘菜、徽菜。

思考

下面哪项是错误的？（　　）

A. 五谷：稻、黍、稷、麦、菽。
B. 五菜：葵、韭、藿、薤、葱。
C. 中国的饮食文化博大精深。
D. 八大菜系中包含江苏菜、川菜和辽菜。

3. 饺子和耳朵

故事　　祛寒娇耳汤

　　东汉末年，天下大乱，瘟疫横行，百姓们在战争和瘟疫的双重压力下，苦不堪言。张仲景就出生在这个年代，原本张家是个有200多口人的大家族，不幸的是，接近三分之二的人因瘟疫而丧生。张仲景非常难过，于是他从小立志，要想尽办法消除瘟疫。

　　长大后他做了长沙太守，是个不小的官，不过他的志向并不是当官，而是治病救人。于是他择定每月初一和十五两天，大开衙门，不问政事，而是让有病的百姓进来，他端端正正地坐在大堂上，为百姓免费诊治。

　　后来，张仲景深感朝廷腐败，自己无能为力，干脆辞官不做，专攻医术。他辞官返乡时是冬天，当他走到家乡的白河岸边时，看到很多百姓的耳朵都冻烂了，非常痛苦。仔细一打听才知道，原来是伤寒病流行，很多百姓不知道怎么医治，都病死了。

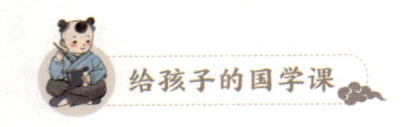

张仲景作为一名大夫，最看不得人们因病受苦，他心里非常难受，决心救治百姓。百姓们听说张仲景回来了，纷纷登门请求他医治，人太多了，他实在忙不过来了，就仿照曾经在长沙治病的方法，叫弟子在一块空地上搭起医棚，架起大锅，在冬至那天向穷人舍药治病。

张仲景的药名叫"祛寒娇耳汤"，就是把羊肉和一些祛寒药材用大锅煮熟，煮好后再把这些东西捞出来切碎，用面皮包成耳朵状的"娇耳"，然后再下到锅里煮熟。每人分发两只娇耳、一碗汤。人们吃下祛寒汤后浑身发热，血液通畅，两只耳朵逐渐变暖。老百姓从冬至一直吃到除夕，冻伤的耳朵完全康复，其他伤寒症状也都没有了。

大年初一，人们迎接新年，再也不会因烂耳而痛苦，一个个都非常高兴，大张旗鼓地庆祝起来。后来，人们仿照娇耳的样子做了一种食物，这种食物叫"饺耳""饺子"或者"扁食"，在冬至和大年初一的早上吃，用来纪念张仲景开棚舍药和病人痊愈。

虽然张仲景已经去世1800多年了，但饺子却成了中国人最喜爱的一种美食。凡是重要的节日和聚会，饺子都必不可少，任何山珍海味都无法取代

3. 饺子和耳朵

饺子在中国人餐桌上的地位。尤其是每年的冬至和春节，远方的人们都会跋山涉水回到家乡和亲人一起吃顿饺子，哪怕没有其他菜肴，也丝毫不会影响团圆的氛围。

评析

饺子是中国人生活中最常见的一种食物，也是最重要的食物之一，有团圆美满的寓意，表达了人们对美好生活的向往与诉求。家人们一起包饺子，是增进感情的好办法。用饺子来招待客人，也是普通百姓家的最高礼节。饺子，已经成了中华文化的鲜明符号。

知识拓展

张仲景被后人誉为"医圣"，他经过数十年的努力，写成《伤寒杂病论》，这部医书集秦汉以来医药理论之大成，并广泛应用于医疗实践，是我国医学史上影响最大的古典医著之一。

思考

下面哪个说法是正确的？（   ）

A. 饺子是张仲景发明的。
B. 饺子最开始就是一种食物。
C. 张仲景只是一个官员。
D. 张仲景没有什么医书流传下来。

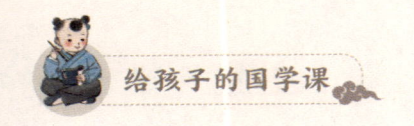

4. 大文豪爱吃肉

故事　　　　东坡肉

北宋大文学家苏轼，不仅是个闻名全国的大文豪，还是一位美食家。苏轼刚开始在京城做官，当时官员的领袖王安石正在进行变法，但遭到了很多人的反对，苏轼就是其中之一。苏轼虽然反对，但是没办法对抗王安石，于是主动请求离开京城，到地方去做官。

苏轼先后到过杭州、密州、徐州等很多地方，后来又因"乌台诗案"受到弹劾，被捕入狱。在弟弟苏辙的争取下，朝廷同意将他放出来，但得贬谪到黄州去做团练副史。黄州是很小的一座城，在这个地方做一个挂名小官，与流放相差无几。

苏轼虽然备受朝廷打压，但他的心态十分平和，并没有因此而消沉，没有了琐碎的事务牵累，他更加轻松潇洒了。苏轼策马赶往黄州，途中看到浩浩江水、茂林修竹，本该词兴大发，可他想到的却是长江里肥美的鱼和山上翠嫩的竹笋。

4. 大文豪爱吃肉

苏轼到黄州之后，闲来无事，就开辟了一个小山坡用来种菜，因此得名"东坡居士"。他发现黄州的猪肉很便宜，便经常亲自煮猪肉与朋友们共同品尝。经过长期的试验，他获得了丰富的经验，还写了一首名为"猪肉颂"的词进行总结："净洗铛，少著水，柴头罨烟焰不起。待他自熟莫催他，火候足时他自美。黄州好猪肉，价贱如泥土。贵者不肯吃，贫者不解煮，早晨起来打两碗，饱得自家君莫管。"

1089年，苏轼再次被调往杭州做官。到杭州后，苏轼看到西湖边上的堤坝已经残破，可能有堵塞、决堤的风险，就带领杭州数万百姓一起疏通西湖水道，修筑湖堤，把西湖治理得非常好。老百姓为了感谢他，就送给他猪肉、黄酒等东西。苏轼收到后，便指点家人将肉切成方块，烧得红酥酥的，然后分送给参加疏浚西湖的民工们吃。大家吃后无不称奇，把他送来的肉亲切地称为"东坡肉"。从此，东坡肉就成了杭州的传统名菜，名扬四海。

评析

中国的饮食文化有一个有趣的特点：注重情趣。尤其是中国菜的名称可以说出神入化、雅俗共赏。比如"东坡肉"，就是以大文豪苏轼的名号命名的，并且典故生动有趣。除此以外还有"全家福""狮子头""龙凤呈祥"等名菜，都有相关的典故和寓意。能将美食赋予丰富的文化内涵，为枯燥的生活增添一点儿乐趣，是中国人乐观精神的体现。

知识拓展

中国四大名菜：西施舌，贵妃鸡，貂蝉豆腐，昭君鸭。

思考

下面哪个说法是不正确的？（　　　）

A. 苏轼不会烹饪技术。
B. "东坡肉"是以苏轼的名号命名的。
C. 中国美食特别注重文化内涵。
D. 中国四大名菜的名字与"古代四大美女"有关。

5. 悲欢聚散一杯酒

故事 **杜康造酒**

黄帝手下有一名管理粮食的大臣，名叫杜康。当时人们还不会建造仓库，只能把粮食临时存放在山洞里，然后派人看护。山洞里阴冷潮湿，时间一长，放在里面的粮食就会发霉腐坏。黄帝知道辛辛苦苦种的粮食腐坏了一大半非常生气，就撤了杜康的职。杜康有些沮丧，因为嫘祖、仓颉等人都有发明创造，立了大功，只有自己不仅没有什么功劳，还犯下了过错。不过他并没有因为被撤职而怨恨黄帝，而是把撤职当作一种激励，寻找存储粮食的好办法。

一天，杜康在树林里发现了几棵只剩下粗大树干的枯死的大树，树干里边已经空了。他伸手摸了摸树干的内壁，发现里面非常干爽，于是他灵机一动，把粮食装了进去，然后把口封得严严实实。他想，这次粮食一定不会再发霉腐坏了。

这些粮食在树干里存放了两年后，杜康决定

去检查一下是否有发霉的情况,如果没有,就把粮食分发给百姓们。杜康走上山去,在靠近一棵装有粮食的大树时,发现树周围躺着几只山羊、野猪和兔子。开始他以为这些野兽都是死的,走近一看,发现它们还活着,似乎都在睡大觉。杜康很是纳闷儿,正在他发呆的时候,这些动物好像是听到了有人来,都慢慢地睁开了眼睛,一见有人,连忙爬起来晃晃悠悠地钻到树林里去了。

杜康感到很奇怪,向四周看了看,发现两只山羊在装着粮食的树干前低头舔着什么。舔了一会儿,两只羊就开始摇摇晃晃的,没走几步就躺倒在地上了。杜康飞快地跑过去,仔细一看,原来树干裂开了一条缝,里面流出了一种散发着清香气味的液体。杜康很好奇,便用手指蘸了一点儿放入嘴中,虽然有一点儿辛辣,却非常醇美,他好像上瘾了一样,越尝越想尝,最后干脆用手捧了一捧,连喝了好几大口。这一喝不要紧,杜康突然感觉天旋地转,身体不受控制,就像刚才的动物一样,摇摇晃晃地倒在地上睡着了。

醒来后,杜康急忙下山,把这件事报告给了黄帝。黄帝命百官品尝带着清香气味的液体,大家都感觉不错,于是黄帝命令仓颉创造了一个"酒"

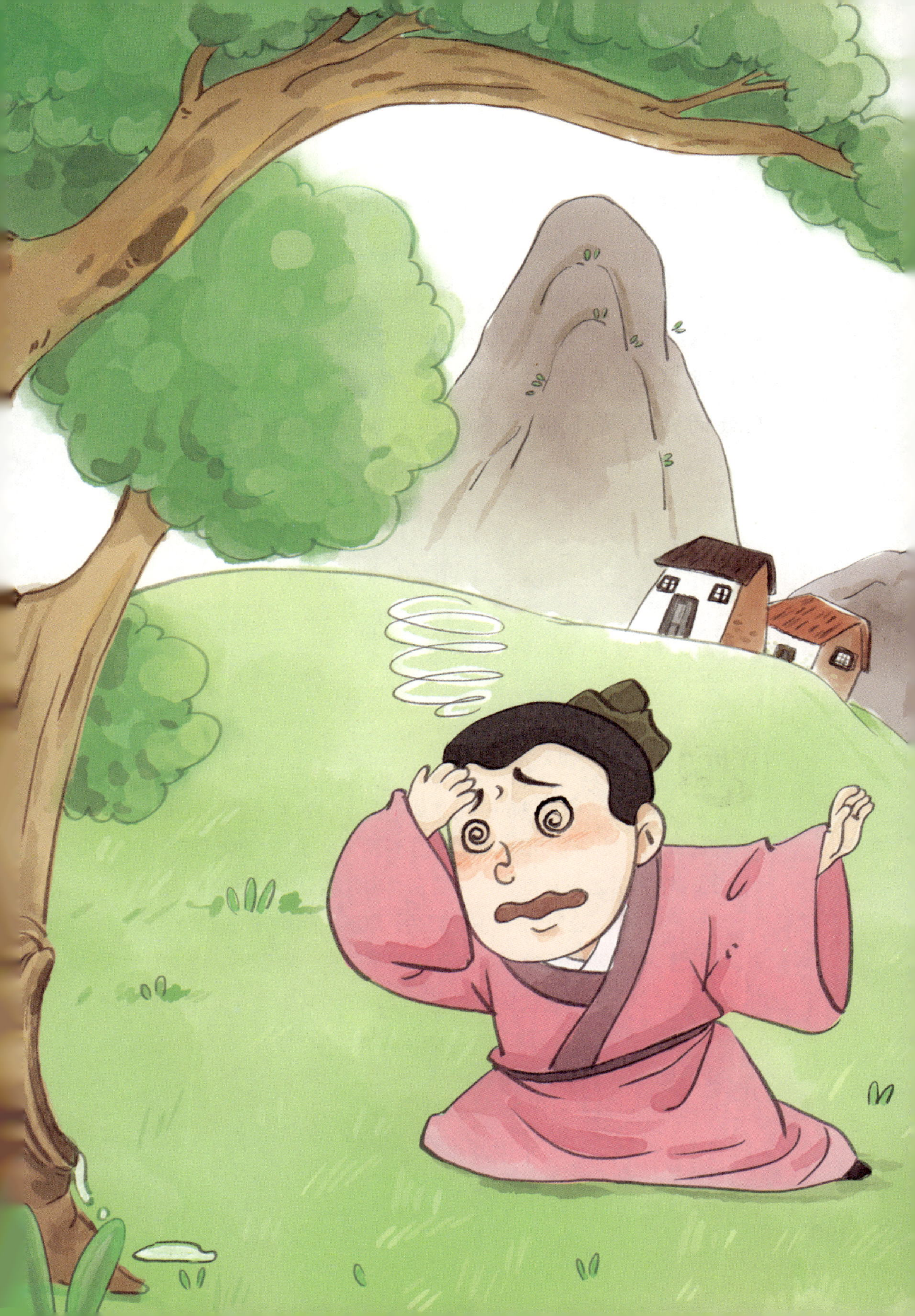

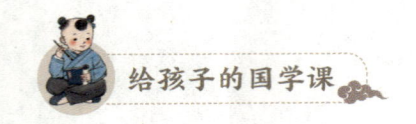

字，为这种液体命名。杜康也因此被人们称为"酒圣"。

自那以后，制酒与饮酒逐渐形成了一种"酒文化"。中国是酒的王国，酒文化在中国源远流长，历代文人学士写下了品评鉴赏美酒佳酿的著述，无数的武人将士借酒意创造了战神佳话。

评析

酒作为一种特殊的文化载体，在人们的生活中占有独特的地位。如果说中国人的饮食中有两个杯子，一个装了茶，另一个装的必定是酒，自古便有"酒壮英雄胆，茶引文人思"的说法。在中国，无论是宴会、喜事、节日，还是饯行、出征，都需要酒的点缀。酒在中国不只是一种饮品，酒文化已经渗透到人类社会的各个领域，对人文生活、文学艺术、医疗卫生、工农业生产、政治经济各方面都有巨大影响，是人们日常生活中不可或缺的一部分。当然，人只有在成年后才能饮酒。

知识拓展

饮中八仙歌

〔唐〕杜 甫

知章骑马似乘船，眼花落井水底眠。
汝阳三斗始朝天，道逢麹车口流涎，恨不移封向酒泉。
左相日兴费万钱，饮如长鲸吸百川，衔杯乐圣称避贤。
宗之潇洒美少年，举觞白眼望青天，皎如玉树临风前。
苏晋长斋绣佛前，醉中往往爱逃禅。
李白一斗诗百篇，长安市上酒家眠，
天子呼来不上船，自称臣是酒中仙。
张旭三杯草圣传，脱帽露顶王公前，挥毫落纸如云烟。
焦遂五斗方卓然，高谈雄辩惊四筵。

思考

下面哪个说法是不正确的？（　　）

A. 历代许多文人、武将都与酒有很深的渊源。

B. 酒文化是中华文化中非常重要的一部分。

C. 无酒不成席，酒是宴会中必备的饮品。

D. 酒在中国只是一种饮品，并没有什么特别之处。

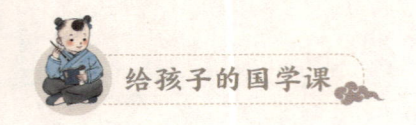

6. 中国最重要的节日

故事 百节年为首

相传在远古时期，我们祖先的生活本来是安宁祥和的，但不知道什么时候，出现了一只凶猛的野兽，它头大身小，身长十尺，眼睛像铜铃一样大，来去如风，经常会袭击人类。这只野兽吼叫时会发出"年"的声音，所以人们就把它叫作"年"。年兽是食肉动物，平时以捕食其他动物为生，但每年农历十二月的最后一天，因山中缺少食物，它便会闯入村庄，猎食人和牲畜。百姓们惶恐不安，每到这天，白天都不敢出门，晚上也不敢睡觉，家家都会准备木棍器具，如果有人发现年兽，就会大声吆喝，全村人顺着吆喝声聚集过来，一起将年兽赶跑。但年兽十分凶猛，人们大多时候斗不过它，只能看着它吃掉村里的人或牲口。说来也怪，年兽只要在这一天吃饱，平时就不会再来，而是等到又一年的农历十二月的最后一天才会出现。

话说这年农历十二月的最后一天的晚上，年兽

6. 中国最重要的节日

又来了，人们纷纷举起木棒准备赶跑它，这时有一位村民找不到木棒，情急之下便抓起炉子里的一根带火的木棒去追打年兽，年兽看见着火的木棒吓得一个转身就逃跑了。开始人们觉得很奇怪，后来人们经过长期和年兽的斗争，发现它怕三种东西：红色、火光和响声。

于是在第二年的农历十二月的最后一天，家家门上都会挂上红色的桃木板，晚上门口点燃一个火堆，然后整夜不睡，敲敲打打发出响声。年兽再次闯进村庄，见到家家有红色和火光，听见震天的响声，就被吓得跑回深山，不敢出来了。第二天，逃过一劫的人们互相祝贺平安，摆酒宴饮，庆祝胜利。

以后每到这个时间，家家户户都会在门上贴红纸对联，挂上灯笼，敲锣打鼓，燃放鞭炮烟花，通宵守夜。这样一代一代流传下来，就成了"过年"。

评析

百节年为首，春节是中华民族最隆重的传统佳节，过年不仅是对过去一年的总结，还是对未来一年的美好期望。过年在人们心中有着极高的地位，无论男女老幼，忙碌一年下来，最期盼的就是过年时一家人能团团圆圆、平平安安。春节期间，全国各地都会举行各种庆贺新春的活动，这些活动以除旧布新、驱邪攘灾、拜神祭祖、纳福祈年为主要内容，凝聚着中华传统文化的精华。

知识拓展

年兽，虽是人们想象出来的，但早在上古时代，人们的确会在新年这一天祭拜天地、祖先，并举行各种仪式，祈求新的一年一切顺利。人们把正月初一定为新年，一般要到正月十五新年才算结束。通常从上一年的小年起，人们就会开始"忙年"，祭灶王、扫房子、买年货、贴春联、挂灯笼……到了除夕夜，全家人一起吃年夜饭、放鞭炮，一同守岁。从正月初一开始，活动以娱乐休闲为主，拜年、舞狮、舞龙、逛庙会、赏花灯、扭秧歌等等。所有这些习俗，都有一个共同的主题，就是"阖家团圆，辞旧迎新"。

思考

下面哪个说法是不正确的？（　　　）

A. 春节是中华民族最隆重的传统佳节。
B. 过年的习俗就是源于驱赶年兽。
C. 过年的时候大家都期盼团圆和平安。
D. 过年一般从小年开始，到正月十五结束。

7. 冻掉下巴

故事 **腊八粥**

　　古印度北部迦毗罗卫国净饭王有一个儿子，本名叫乔达摩·悉达多，他是一个无忧无虑的王子，享受着国王父亲带给他的锦衣玉食的生活。据说他拥有适合不同季节居住的三座宫殿：冬天御寒的，夏天避暑的，雨季防潮的。为了避免他受到伤害，他的父亲从不让他走出王宫，以便他平安长大继承王位。

　　可是，越是被限制，他越想看看外面的世界是什么样子。于是，有一天他偷偷地跑了出去。他看到了世事无常，看到了生老病死，联想到自己也摆脱不了同样的命运，从而产生了人生难脱苦难的烦恼。为寻求人生真谛与生死解脱，他舍弃王族生活，出家修行。

　　他在雪山之上苦苦修行了6年，所吃的食物非常简单，就是麦、麻等谷物。后来他发现，这样下来并没有什么精进，还没悟出什么道理，于

是他放弃了苦行，选择下山修行。因为长期待在雪山上，经常吃不饱饭，他身体十分虚弱，走起路来摇摇晃晃。这时候，一位牧羊的女子见他已经快饿晕过去了，就用羊奶和谷物熬了一碗粥给他喝。喝了粥之后，乔达摩·悉达多的体力逐渐恢复，随后在菩提树下入定七日，终于在腊月初八这天悟道成佛。人们奉他为佛祖——释迦牟尼。

　　古印度人为了不忘佛祖成道以前所受的六年苦难，也为了纪念佛祖在腊月初八这天悟道成佛，便在腊月初八这一天吃杂粮粥进行纪念。

　　后来佛教传入中国，腊八这天，各寺院都会举行法会，用大米、小米、玉米、薏米、红枣、莲子、花生、桂圆和各种豆类煮粥供佛，并取名为"腊八粥"。大家认为喝了腊八粥就可以得到佛陀保佑，所以贫穷人家也称它为"佛粥"。年复一年，寺院做腊八粥的传统逐渐传到民间，尤其是在我国北方地区逐渐形成了过腊八节的风俗。

7. 冻掉下巴

评析

"腊七腊八，冻掉下巴。"农历的腊月初八，在小寒和大寒两个节气之间，是一年当中最冷的时候，在这个时候，人们会喝上一碗腊八粥，来驱散体内的寒气，保持温暖。就像立春节气人们会吃萝卜顺气一样，我们国家有很多习俗都是因气候的特殊性而产生的，这也是中国祖先与自然和谐相处的表现。

知识拓展

中国的饮食文化中有"南甜北咸、东辣西酸"的说法，这与各地域气候有很大关系：南方盛产甘蔗和蔬菜；北方温差大，人们习惯腌咸菜；东部地区气候潮湿，辣可以驱寒祛湿；西部地区的水土中含有大量的钙，酸性食物可以避免钙的沉积。

思考

下面哪个说法是不正确的？（　　　）
A. 腊八粥与释迦牟尼成佛有关系。
B. 腊八粥由一种谷物熬制而成。
C. 腊八粥属于跟随气候变化而产生的美食。
D. 中国饮食有"南甜北咸、东辣西酸"的说法。

8. 龙舟竞渡

故事 屈原投江

战国末期，秦国已经非常强大，一直想着要消灭楚国，但又不想动用大军，于是秦昭襄王在即位以后，想出了一个计策。他很客气地给楚怀王写了一封信，邀请他到秦国来当面订立秦楚两国结盟的盟约。楚怀王接到秦昭襄王的信后犹豫不决，去了，害怕出危险；不去，又怕得罪秦国。于是，他找大臣们来商量。

大夫屈原对楚怀王说："大王，秦国的凶残所有人都知道，我们楚国一直被他们欺负，他们为什么要与我们订立盟约呢？这一定是一个圈套！决不能去！"

但是怀王的儿子公子兰却一个劲儿地劝楚怀王去，他说："咱们一直把秦国当作敌人，结果死了很多人，丢了土地，现在秦国想跟咱们和好，我们不能拒绝呀！"

楚怀王听信了公子兰的话，起身赶往秦国。

果然不出屈原所料，楚怀王刚踏进秦国的武关，就被秦国预先埋伏下的人马截断了后路。秦昭襄王逼迫楚怀王把楚国的一些土地割让给秦国，楚怀王没答应，秦昭襄王就把楚怀王押到咸阳软禁起来，要楚国大臣拿土地来赎他。楚国的大臣们听到国君被软禁的消息，不但没想着去救援，还拥护太子做了国君，拒绝割让土地。楚怀王在秦国被扣押了一年多，最后他连气带病，死在了秦国。

楚国人都很生气，屈原更是愤怒，他多次劝谏新国君楚顷襄王要远离小人，抓紧时间操练兵马，为国家和怀王报仇雪耻。可是他的劝告却招来了公子兰和靳尚等人的仇视，他们天天在楚顷襄王面前说屈原的坏话。楚顷襄王不辨是非，就把屈原革了职，放逐到了湘南。

屈原抱着救国救民的志向，却被奸臣排挤，他简直气疯了。他到了湘南以后，经常在汨罗江边一边走，一边唱着悲哀的诗歌。

公元前278年，秦国大将白起攻打楚国，攻下了楚国的国都。屈原听到这个消息，伤心得放声大哭。那时他已经62岁了，眼看着自己的国家被灭，自己的一腔热血付诸东流，他万念俱灰。在五月初五那天，他换上了一身红色的衣服，抱

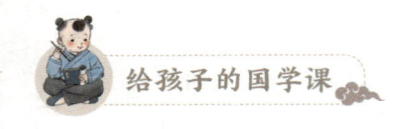

着一块大石头，头也不回地跳进了汨罗江。

　　附近的渔夫听说了这件事，都赶紧划着小船去救屈原，可是汨罗江太大了，根本看不见屈原，大伙儿在汨罗江上捞了半天，也没有找到屈原的尸体。渔夫很难受，他对着江面，把竹筒里的米撒了下去，算是祭奠屈原。

　　到了第二年五月初五那一天，当地的百姓想起这是屈原投江一周年的日子，又划了船把装在竹筒里的米撒到水里去祭奠他。后来，人们把这一天定为端午节，还把盛着米的竹筒改为箬叶，划小船改为赛龙舟。现在人们将端午节视为纪念屈原的节日，包粽子、赛龙舟都是端午节必不可少的风俗活动。

评析

屈原热爱祖国，一生为实现祖国的安定和强盛而斗争，直至投汨罗江自尽，以身殉国。后人以"屈原沉江""沉江""投汨"比喻那些忧国忧民、为国家的危难而献出生命的人。屈原的爱国精神集中表现在《离骚》等诗篇里。他的诗篇编制宏大，内容丰富，语言优美，对中国诗歌的发展有着巨大的影响。屈原的爱国精神和艺术创作，是中国乃至全世界巨大的精神遗产。从古至今，每年农历的五月初五，世人都做粽、插艾蒲、饮雄黄酒和在小儿衣襟上系香袋等来纪念这位伟大的爱国诗人。

8. 龙舟竞渡

知识拓展

端午节包粽子几乎是中国人的共同习俗，但赛龙舟多见于江苏、浙江、湖南等南方地区，北方地区很少见。赛龙舟先后传入日本、越南及英国等国家，现在也是亚运会的正式比赛项目。

屈原所著的《离骚》与《诗经》有着同等地位，并开创了中国文学史上的"骚体"诗歌形式。其中的名句有"亦余心之所善兮，虽九死其犹未悔""路漫漫其修远兮，吾将上下而求索"等。

思考

下面哪个说法是正确的？（　　）

A. 屈原是个爱国的人。
B. 屈原没有给楚怀王提过什么意见。
C. 端午节在农历的四月初五。
D. 赛龙舟不是端午节的一项习俗。

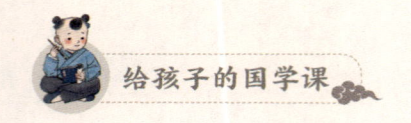

9. 怀念故人

故事 割股充饥

晋文公重耳，小时候曾受到骊姬的迫害，被他父亲晋献公驱逐出晋国，在外逃亡长达19年之久。在这19年中，有一帮文武豪杰不离不弃地辅佐他，介之推就是其中一位。

重耳刚开始奔逃的那几年非常惨，经常食不果腹、衣不蔽体。有一年重耳一行人逃到卫国，实在饥饿难耐，就向当地的农夫讨要饭食，可不但没要来，还被农夫们用土块驱赶戏谑了一番。重耳都快饿晕过去了，还是没有找到吃的，这个时候，介之推给重耳端来了一碗肉汤，重耳狼吞虎咽地喝了下去，喝完了才想起问介之推："这肉汤是从哪里弄来的？"还没等介之推回答，重耳就看到介之推的大腿在不断地向外渗血，他一下就明白了，原来是介之推割下大腿上的肉做成了汤，救了他一命。

逃亡19年之后，重耳回到了晋国，那时他父

9. 怀念故人

亲已经去世了，大臣们都拥护他做晋国的国君，于是重耳成功即位，成为晋文公。后来重耳论功封赏朝臣，把封赏介之推的事忘在了脑后。介之推也不在乎，就背着老母亲隐居到绵山中去了。

介之推的好友解张觉得不公平，于是夜里写了封书信挂到城门上。书信的大概内容："龙失其所，周游天下，众蛇从之。龙饥乏食，一蛇割股。龙返于渊，安其壤土。数蛇入穴，一蛇于野。""哎呀！我怎么能把介之推给忘了呢？"晋文公看到书信后，一拍脑门儿，赶忙派人去请介之推。

派去的人回来说，介之推已经隐居在绵山了，没有找到。晋文公就亲自带人赶到绵山去找，可是绵山太大了，找了好几天都没有找到。这时，有人向晋文公建议道："他可能是在怨您啊，不然他一定会出来的，我知道他非常孝顺，不如我们逼他一下，放火烧山，他虽然不怕死，可他还有老母亲呢，他一定会背着老母亲出来见您的。"

于是晋文公叫人在山前山后放火，周围绵延数里，大火烧了三天三夜，可是介之推仍然没有出来。大火熄灭之后，晋文公派人进山去找，终于在一棵烧焦的柳树下，发现了介之推母子的尸骨。晋文公看到后痛哭不止，后悔万分，命人安

葬了他们母子的遗体。晋文公还发现了一片衣襟上题了一首血诗:"割肉奉君尽丹心,但愿主公常清明。柳下做鬼终不见,强似伴君作谏臣。倘若主公心有我,忆我之时常自省。臣在九泉心无愧,勤政清明复清明。"

第二年这天,晋文公领着群臣,穿着白衣,徒步登山祭奠,表示哀悼。晋文公走到介之推的坟前,发现那棵烧焦的柳树竟然发芽了。晋文公望着发芽的柳树,就像看见了介之推一样,他敬重地走到跟前,掐下一条柳枝,编了一个环戴在头上,表示对介之推的怀念。晋文公还把这天定为"寒食节",下令在寒食节禁止烟火,只吃冷食。后来人们在这天增加了祭扫的活动。寒食节延续2000余年,曾是中国民间第一大祭日。

评析

寒食节是中国传统节日中唯一一个以饮食习俗来命名的节日。在中国人的生活中,祭祀先祖是头等大事,无论何时何地,人们都不会忘记祖先。对先人的怀念,恰恰是我们民族文化的根源,代表着我们永远不会忘本,懂得感恩。

9. 怀念故人

知识拓展

晋文公曾将那棵烧焦的柳木折了一段带回宫去,命人做了一双木屐,他每天望着木屐感叹:"悲哉足下!"此后,下称上或同辈相称都用"足下"。

思考

下面哪个说法是不正确的?(　　)
A. 祭祀扫墓的习俗与介之推有关。
B. 祭祀先祖代表着不忘根本,常怀感恩之心。
C. 寒食节与介之推割肉奉君有关。
D. 寒食节就是清明节。

10. 节日离不开美食

故事　　　　月饼神话

相传，王母娘娘最小的女儿曾经与凡人董永结了婚，还生了一个儿子。被王母娘娘发现后，小仙女没办法，只能回到天宫，把她的儿子留在了人间。农历八月十五这天，这个孩子见同村的小伙伴们都在村头的桂花树下玩闹，心里也痒痒的，便走过去打算和他们一起玩。可是，他刚一走过去，孩子们就都跑开了，边跑边骂他是个没娘的孩子。他非常伤心，就跑到村外的老槐树下痛哭起来。哭声惊动了天神吴刚，善良的吴刚看这小孩儿实在可怜，就从天上下来哄他，可是怎么也哄不好。吴刚知道他思念自己的母亲，于是决定帮帮他。

吴刚一边给小仙女捎去信儿，一边悄悄地拿出了登云鞋，对哭得两眼通红的孩子说："孩子，叔叔告诉你，在今晚月亮变圆的时候，你把这双登云鞋穿上，就能够飞到天上去找你的妈妈了。"

孩子一听这话，马上就不哭了，连忙向吴刚道谢。他坐在村口的石头上等了一天，终于等到夜幕降临。月亮刚一露脸，孩子就赶紧从怀里掏出登云鞋穿上，轻轻一跳便飞到了天宫之中。这时，小仙女早就接到了吴刚捎去的信儿，在天宫门口等着儿子的到来。当儿子来到自己身边时，她欣喜万分，对儿子又是亲又是抱，她的六位姐姐也都迎上来亲这个可爱的小外甥。小仙女要好好补偿一下自己的儿子，于是把嫦娥送来的桂花蜜糖拌上花生果、核桃仁，做成馅儿，按月亮的样子，做成了香甜可口的仙饼，让儿子痛痛快快吃个够。

可是，这件事很快就被玉帝知道了。玉帝非常生气，就把吴刚罚到月宫里去砍桂树，又命令天兵脱下那孩子的登云鞋，把他送回了人间。这孩子就像做了一场梦一样，回到人间后对天宫中的一切已经记不大清了，但妈妈做的仙饼却给他留下了深刻的印象。后来，这孩子长大做了官，为了表示对妈妈的尊敬与怀念，他让百姓们也做那种圆月样的饼子，从那时起，便有了月饼。

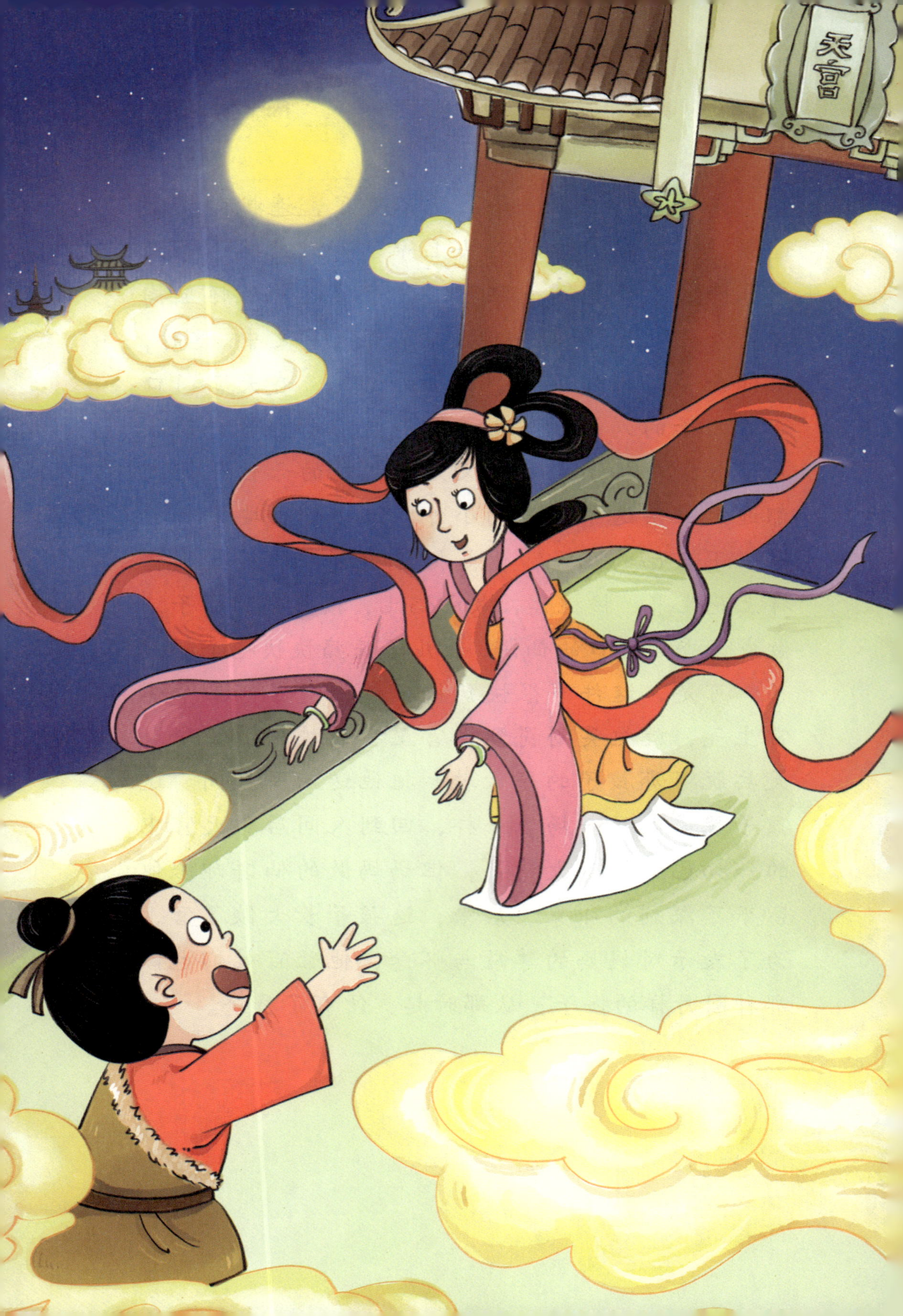
天宫

10. 节日离不开美食

评析

中国的传统节日大部分源于祭拜天地神灵或缅怀祖先，人们为了丰富节日的色彩，还会将神话传说或是名人故事融入节日故事当中。中国人过节，并不会沉浸在悲伤的气氛中，而是欢天喜地地表达自己对未来的期望，同时也会有美食相伴。

知识拓展

其实，中秋节起源于中国的上古时代，是古老的"祭月节"。全年当中，这个时候的月亮最大、最圆、最亮，所以上古时代的人们会在这天祭拜月亮，祈求平安团圆。祭月，在我国是一种十分古老的习俗，而月饼则是中秋拜祭月神的供品，沿传下来，便形成了中秋吃月饼的习俗。北宋大文豪苏轼曾有"小饼如嚼月，中有酥与饴"的诗句，"月饼"这个名字的由来，或许与苏轼的诗有关。月饼也叫"团圆饼"，在月圆之夜，全家人坐在一起分食圆圆的月饼，这种习俗体现了中国人对"团圆"的期望。

思考

请尝试将节日与美食连线。

元宵节　　　　　饺子
端午节　　　　　粽子
清明节　　　　　月饼
中秋节　　　　　汤圆
春节　　　　　　猪头肉
二月二　　　　　青团

六、科学技术

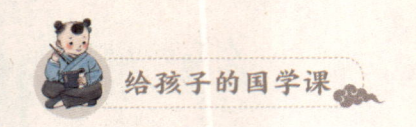

1. 古人生病怎么办

故事　　神农鞭药、尝百草

在女娲补天之后，不知道过了多少年，在烈山的一个石洞里，出生了一个小孩儿，就是神农氏，他长大之后，成了部落首领。

那时候的人们得病了并没有药可以吃，只能挺着，身体虚弱挺不过去的人就会死去。神农想到天帝的花园里有奇花异草，说不定可以治病，便决定上天去寻找。他顺着一株叫建木的大树爬上了天庭，摘了一大捧瑶草，准备回去试试。他走出花园时，碰到了天帝，天帝说这点儿瑶草治不了多少人的病，于是给了他一根神鞭。据说这根神鞭打到草上就可以识别草是否有毒。神农拿着这根神鞭走一路打一路鞭，据说在中国湖北，至今还可以找到神农鞭药的山，那山就叫"神农原"。

有一天，神农在鞭草的路上歇脚。他抬头看到一种树叶，正好他口渴了，顺手摘了几片放在

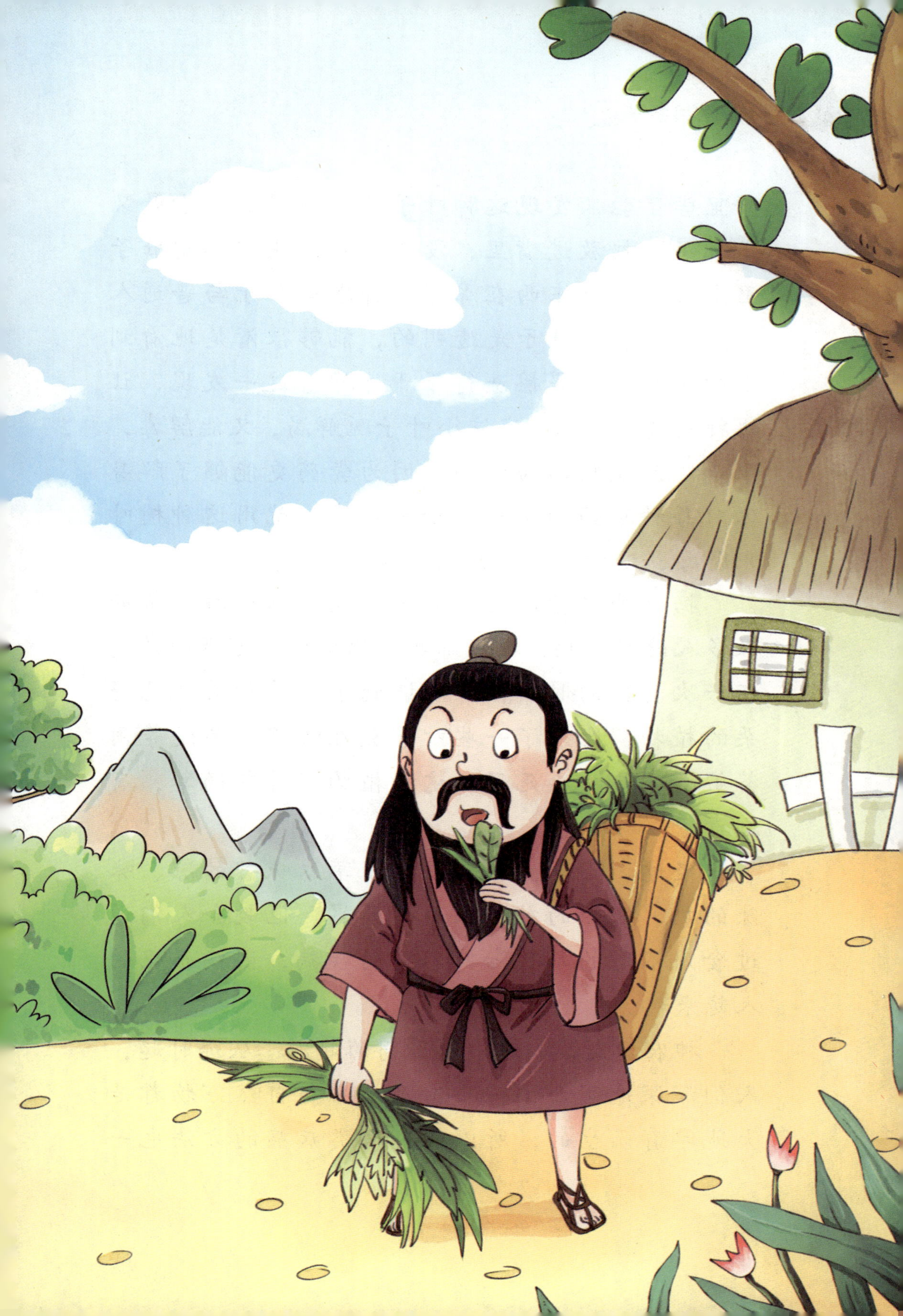

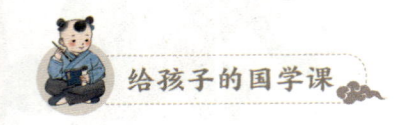

嘴里尝了尝，发现这种叶子还挺解渴的，于是又多扯了一把放进嘴里，没一会儿，他就感觉肚子里上上下下有东西在摩擦。神农的肚子与普通人不一样，他的肚子是透明的，能够很清楚地看到小叶子把他的胃擦洗得干干净净。这一发现，让他特别高兴，他断定这小叶子既解渴，又能解毒，于是决定改鞭药为尝药，因为尝药更能够了解身体对每种草药的反应，如果中毒，就用这种树叶来解毒，这种小叶子就是"茶"。

据说神农尝过的草有三十九万八千种，帮助很多人治好了病，人们都非常感谢他。可惜的是，在一次尝药的时候，神农遇到了一株开着黄色花朵的植物，他采了一些叶子放在嘴里，还没等用茶解毒，就被毒死了。这种植物叫作断肠草，有剧毒。

经过尝百草，神农悟出了草木味苦的凉、味辣的热、味甜的补、味酸的开胃。他教会人们通过食用不同的草药治疗不同的疾病，因病而死的人越来越少。

神农尝百草，是中国医药的起源。从那时起，人们深深地明白了一个道理，人与自然万物都是大地孕育而生的，所以解决人类病痛的方法也一

1. 古人生病怎么办

定在自然当中。这就是"天人合一"最好的应用。

评析

神农及先民们经过长期的实践，辨识了许多动植物，了解它们的功效。正是这种以身实践和探索的精神，奠定了中医学的基础，开创了中华民族的中医学文化。

知识拓展

中医四诊：望、闻、问、切。

中国古代四大名医：扁鹊、华佗、张仲景、孙思邈（一说李时珍）。

中国古代四大医书：《黄帝内经》《难经》《伤寒杂病论》《神农本草经》。

思考

下面哪个人不是中国古代的名医？（　　）
A. 张仲景
B. 白求恩
C. 华佗
D. 孙思邈

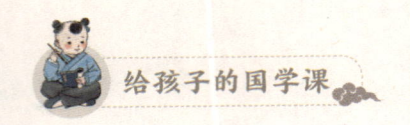

2. 中国古代数学

故事　祖冲之与圆周率

祖冲之从小生活在一个比较富裕的家庭里，家里的长辈们希望他能多读些诗书，长大以后去做官。可是可祖冲之不喜欢做官，他更喜欢探索天地之间的秘密，他对诗书也不感兴趣，而是一头扎进了对天文和数学的研究当中。

一次，祖冲之的父亲从书架上给他拿了一本《周髀算经》，这是西汉时期著名的数学书，书中讲到圆的周长是直径的3倍。祖冲之看到后，越想越不对劲，于是第二天一大早，就拿着根绳子来到了道路边。看到迎面而来的马车，他立马跑过去，跟赶马车的老人说："您能把车停下让我量一下您的车轮吗？"老人也不知道他要干什么，反正也不着急赶路，就把车停下了，并示意祖冲之可以测量。

祖冲之先用绳子量了一下车轮，又将绳子平均折成三段，量车轮的直径，经过测量，他发现

2. 中国古代数学

车轮的直径长度小于圆周长的三分之一。为了继续验证这个发现,他又测量了很多辆不同的车子,得出的结果都一样,这是为什么呢?

为了解决这个疑问,祖冲之不断地查阅资料进行学习研究。他了解到此前有一位叫刘徽的数学家,提出用"割圆术"来计算圆周长和直径的关系。割圆术就是在圆内画出一个正六边形,六边形的边长与圆的半径相等,然后将六边形继续分成正十二边形,用勾股定理算出它的边长,再继续分成正二十四边形……割得越细,正多边形面积和圆面积之差越小,所得多边形各边长之和就越近于圆的周长。刘徽当时只分到正九十六边形,得出了圆周长除以直径的近似数为 3.14,这个数就是现在所说的"圆周率"。

祖冲之决定重新计算,将数值再精确一些,于是他准备了许多小竹棍作为计算工具,画了一个直径一丈的大圆。他的儿子给他做助手,父子二人废寝忘食,刻苦计算了好几天才达到正九十六边形,结果却比刘徽的数值小了一点点。儿子对祖冲之说:"我们计算得那么仔细,应该错不了,会不会是刘徽错了呢?"

祖冲之摇摇头:"推翻需要依据,我们再计

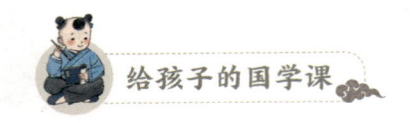

算一遍。"俩人又重新计算一遍，结果和刘徽的一样，果然第一遍是二人计算错了。

　　祖冲之经过很长时间的精密计算，终于得出了一个结果，圆周率大于 3.1415926，小于 3.1415927。这是当时世界上最精确的数值，祖冲之也成为世界上第一个把圆周率的准确数值计算到小数点后第七位的人。直到 1000 多年后，这个纪录才被欧洲人打破。圆周率的计算，是祖冲之在数学上的一项杰出贡献，所以人们也把他计算出来的结果称作"祖率"。

评析

祖冲之是我国南朝宋、齐科学家，他凭借自己刻苦钻研、努力探索的精神，在世界数学史上留下浓墨重彩的一笔，成了中国人的骄傲。

2. 中国古代数学

知识拓展

中国古代数学，从"隶首作数"开始萌芽，到唐宋时期达到高潮，古代数学家们留下的《周髀算经》《九章算术》《孙子算经》《缀术》等很多数学理论著作，也曾一度领先全世界。

《周髀算经》中记载，周朝时期的商高曾提出"勾三股四弦五"的"勾股定理"；在西方，也有"勾三股四弦五"的定理，称为"毕达哥拉斯定理"，比《周髀算经》的记载晚了近600年。

思考

下面哪个说法是不正确的？（　　　）

A. 祖冲之是我国古代的科学家。
B. 祖率精确到了小数点后第七位。
C. 中国古代数学没有什么大成就。
D. 勾股定理是中国人先发现的。

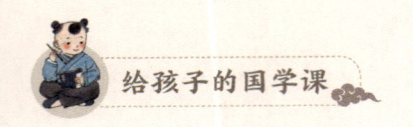

3. 伟大的发明

故事　　　　**指南车**

上古时期，黄河、长江流域有许多族群和部落，其中最强大的两个部落首领，一个是黄帝，一个是九黎族的首领蚩尤。蚩尤十分强悍、凶猛，还对黄帝心怀怨恨，不愿服从黄帝。后来，蚩尤联合他的81个兄弟，和黄帝展开大战。话说当年，黄帝与蚩尤交战于涿鹿之野，直杀得风云变幻，日月无光。

蚩尤请来雷神、雨伯、雾仙几位神仙，兴雨布雾，飞沙走石，到处都是灰蒙蒙的，什么都看不清楚。黄帝被困在里面，叫天不应，叫地不灵，如果没有好的办法，很可能就会全军覆没。

正在此时，一道亮光冲破天际，黄帝站在大营门口，看到老师九天玄女从天而降，带来了一辆大车，车上还装着一个大圆盘，盘上横着一根"大铁棍"，这根"铁棍"两头发出强光，穿透大雾。

黄帝走近细看，发现盘上有两个圈，内圈均

3. 伟大的发明

匀地写着"子丑寅卯辰巳午未申酉戌亥",外圈写着"甲乙丙丁戊己庚辛壬癸",那根"铁棍"正好指向子午方向。

　　黄帝看到指南车有些疑惑,九天玄女告诉他,这个圆盘上写的是天干和地支,代表天上的方位和地上的方位,中间的"铁棍"叫作指针,这个指针的一头永远指向南方,另一头永远指向北方,当指针和子午方向对应,就能确定方位了。黄帝有大智慧,一下就明白了九天玄女的意思,于是命士兵推着指南车随自己冲锋陷阵,很容易就破了蚩尤的"大雾阵",并借此反败为胜,大败蚩尤,统一了各个部落。人们的生活再次回归和平,开始繁衍生息。

评析

　　指南车的发明显示了古代机械技术的卓越成就,代表了古代人民的聪明才智。但是因为指南车的内部结构被当时的人们认为是重要机密,所以留下的资料很少,也就无法完全复原指南车,这一点让人觉得惋惜。

知识拓展

"中国古代四大发明"包括指南针、造纸术、火药、印刷术,每一项都是领先全世界的。中国古代科技还包括:张衡发明的候风地动仪,可以测定出地震方位等;苏颂发明的水运仪象台,是世界上最早的天文望远镜等。

思考

下面哪个不是中国古人发明的?(　　)
A. 指南针
B. 毛笔
C. 活字印刷术
D. 火车

4. 会飞的木头

故事 ## 鲁班与木鸢

鲁班是春秋时期鲁国人,他从小双手就很灵巧,会糊各种各样漂亮的风筝。可能因为他的父亲是个木匠,所以他很喜欢做木匠活,修桥盖楼、建寺造塔都非常拿手,是河西一带很有名气的木匠。

相传他刚结婚没几天,就被凉州的一位高僧请去修造佛塔。这是个大工程,至少需要两年的时间。凉州距离他家很远,他不放心家中的父母,也思念新婚的妻子,想回家但又怕耽误了建塔,于是他苦思冥想,终于想出了一个办法。看见天空自由飞翔的小鸟,他就模仿鸟的形态用木头做了一只精巧的木鸢,并给木鸢安上机关。一切准备就绪之后,他骑上木鸢,在机关上击打三下,木鸢就像鸟儿一样轻巧地飞上了天空。

鲁班非常开心,每天收工之后,他都会乘着木鸢飞回家中。妻子看到他回来,自然十分高兴,但怕吓到父母,就没有告诉他们。第二天清早,

鲁班再乘上木鸢飞回凉州。

鲁班的父母一直都不知道儿子回家的事。直到妻子怀孕才将鲁班每天都乘坐木鸢回家的事情说出来，但二老并不相信儿媳妇的话，坚持要晚上亲自看个真假。

到了晚上，鲁班果然骑着木鸢回到家中。鲁班的老父亲活了大半辈子，也没有见过如此神奇的事，说道："儿啊，明天你就别去凉州了，你在家休息一天，把木鸢给我用一天，我也去开开眼界。"

第二天清早，鲁班教他父亲如何乘木鸢，并叮嘱父亲："如果您想飞近处就少敲击几下机关，想飞远处就多敲击几下机关。您早去早回，不要耽误了我明天去上工。"老父亲将鲁班交代的事记在心中，骑着木鸢上了天，他心想：既然体验一次，不如飞得远些吧，就敲击了十多下机关。只听耳边风响，他吓得紧闭双眼，死死地抱紧木鸢任凭它飞翔。过了好一阵子，木鸢才落到地上，鲁班的父亲睁眼一看，已经飞到了吴地。吴地的人见天上落下一个怪物，上面驮着一位白胡子老头儿，还以为是妖怪，就都围了上去，不由分说，乱棒把老头儿打死，乱刀把木鸢砍坏。

4. 会飞的木头

鲁班在家等了好多天，都不见父亲回来，赶忙又做了一只木鸢，飞到各处寻找。到吴地以后，鲁班一打听才知道父亲已经身亡。他非常生气，回到肃州雕了一个木头仙人，手指东南方。木仙人神通广大，手指吴地，当年吴地便大旱无雨，颗粒无收。

三年以后，吴地百姓得知了大旱的原因，便带着厚礼来到肃州向鲁班赔罪，并讲了误杀他父亲的经过。鲁班知道了真相后，对自己进行报复的做法深感内疚，立即将木仙人的手臂砍断，吴地当即大降甘露，解除了旱灾。鲁班左思右想，认为造木鸢和木仙人是干了两件蠢事，便将这两样东西扔进火里烧了，木鸢和木仙人便就此失传了。

评析

关于鲁班的传说有很多,制造木鸢是其中最为神奇的一个,流传几千年至今,真伪已经辨不清楚了,不过木工师傅们用的手工工具,如钻、刨子、铲子、曲尺和画线用的墨斗,据说都是鲁班发明的。鲁班也因此被誉为"中国木匠鼻祖""中国建筑鼻祖"。

知识拓展

成语"班门弄斧"与鲁班有关,它的意思是在鲁班门前舞弄斧子,比喻在行家面前卖弄本领,不自量力。这个成语有时也用作自谦之词,表示不敢在行家面前卖弄自己的小本领。

思考

下面哪个说法是正确的?(　　)
A. 鲁班是一位文学家。
B. 鲁班发明的木鸢现代仍然存在。
C. 鲁班没有发明什么工具。
D. 鲁班把木鸢和木仙人毁掉了。

5. 雌雄双剑

故事　　　　**干将莫邪**

春秋时期，有一对著名的铸剑夫妻，他们分别是干将和莫邪，据说他们铸剑的时候，连鬼神都会来观看。当时各国的君王都喜爱宝剑，楚王也不例外，他派人找来干将和莫邪，命令他们搜集天下珍宝，为自己铸造一把天下无敌的宝剑。

二人千辛万苦，终于找到了一块寒气逼人的铁块。他们将铁块投入炉中，用大火整整烧了三天三夜，竟毫无变化。干将静静地看着这块青铁，面色凝重地说："这真是难得的宝贝，只有用鲜血才能将其熔化。"于是他挥剑割破了自己的手腕，莫邪也跟着割破了手腕，随着二人的鲜血滴入炉中，炉内便有紫烟袅袅升起，青铁也随之熔化。他们花了三年的时间，终于铸出了一对举世无双的雌雄双剑。

据说在炉盖开启的瞬间，天地变色，风起云涌，从滚烫的炉膛中腾起一道白色蒸汽，缓缓升

到半空将山谷完全笼罩，然后渐渐转红，仿佛天空中开满了桃花。干将以自己的名字为雄剑命名，雌剑则以妻子的名字命名，于是这世间便有了干将、莫邪雌雄双剑。

干将要去给楚王送剑，临行前对怀孕的妻子说："我替楚王铸造宝剑，三年才铸成，楚王生气了，我一去他必定会杀死我。你如果生的是男孩儿，等他长大成人就告诉他，走出家门会看到南面的山上有一棵长在巨石上的松树，我将雄剑干将藏在了巨石的后面。"说完就拿着雌剑前去见楚王。

果然，当干将把雌剑莫邪交给楚王之后，楚王就把干将杀死了。

莫邪的儿子名叫赤，相貌非常奇特，两眉之间有一尺宽。他长大成人后，莫邪把楚王杀他父亲的事都告诉了他，他很愤怒，然后按照父亲的嘱托，找到了那把埋藏了17年的雄剑。从此以后，赤便日思夜想地要向楚王报仇。

一天，楚王在梦中恍惚看到一个男孩儿，双眉之间有一尺宽，相貌不凡，并说一定要为父亲报仇。他连忙叫人画了像，重金悬赏捉拿这个奇怪的孩子。赤听到这个消息，连忙躲入深山，日日悲歌。这天，一个身材细长的黑衣剑客听到了赤的悲歌，便循声找去。黑衣剑客走近之后才发现，这个人就是楚王悬赏捉拿的人，他说："听说楚王悬赏千金购买你的头，拿你的头和剑来，我为你报这冤仇。"

赤也很镇静，只说了一句："多谢成全。"随后便抽出宝剑，将自己的头颅卸下。赤的头颅滚下来，刚好落在手里，他双手平举自己的头和剑，僵直地站着死去。黑衣剑客眼中透出极深沉的悲痛，静静地跪倒在地，说："好孩子，我绝不食言！"

剑客拿着赤的头前去觐见楚王，楚王非常欣喜。剑客说："这就是赤的头，应该在热水中烧煮他。"楚王依照剑客的话烧煮头颅，三天三夜竟煮不烂。剑客说："这颗头煮不烂，您要亲自前去监督，才会煮烂。"楚王随即靠近那头，剑客便趁机用雄剑砍下了楚王的头，楚王的头也落在热水锅中。这时赤的头疯狂撕咬楚王的头，剑客为了帮助赤，也砍下了自己的头。最后三颗头颅全都烂在一起，不能分开，人们就把那锅肉分成三份埋葬了。现今汝南北宜春市境内的"三王墓"，埋葬的就是这三颗头颅。

评析

这个故事不仅揭露了封建暴君残害人民的血腥罪行,而且突出地表现了我国古代劳动人民反抗压迫的英雄行为。山中剑客见义勇为、自我牺牲为赤复仇的豪侠气概,也体现了劳动人民在反抗压迫的斗争中的团结友爱。

知识拓展

中国古代十大名剑:轩辕剑、湛卢剑、赤霄剑、太阿剑、七星龙渊剑、干将剑、莫邪剑、鱼肠剑、纯钧剑、承影剑。

思考

下面哪个说法是不正确的?(　　　)

A. 干将和莫邪是两位铸剑大师。
B. 中国古代的冶金技术很落后。
C. 铸剑术是春秋时期制造兵器的主要方法。
D. 干将和莫邪是一雄一雌两把宝剑。

6. 冷兵器之神

故事　　　　弓　箭

话说黄帝的两个孙子挥和颛顼年龄相仿，情趣相投。挥和颛顼都喜欢观天象，此外，挥还擅长制作兵器。黄帝岁老年高，开始物色接班人，发现颛顼有治国王气，挥有为将之风。于是黄帝让颛顼去辅佐少昊，让挥负责制造器械、训练士卒。

挥接到命令后，埋头苦干，制作了许多器械。但是这些器械杀伤力小而且不能大量生产，令人不太满意。

上古时期的濮阳一带雨量充沛，竹子长势特别好，质地坚硬还有韧劲儿，挥和工师夷牟决定用竹子来代替以往的木杆。他们将竹子削尖，一试果然可用，而且比木杆做的兵器轻便许多。他们为这种竹镞起了个名字，叫箭。然后他们又尝试将镞头缩小，再把金属制品装在箭的顶端，称为矢，以加大杀伤力。

有一天，挥在树林里看到一群猴子利用弯藤

和树枝、竹枝荡弯的弹力从一个地方跳到另一个地方，不由得灵机一动。他想到，如果能把箭附在弯竹和弯藤上弹出去，那杀伤力会增大很多，而且射程也会更远。但如何能把弯竹、弯藤拿在手中将箭发出去呢？

挥在夜晚经常观察天象，他发现天狼星的东南方向，有9颗星排成一个星座，其中8颗星排成一个弧形，弧背指向天狼星，弧背前方有一星，如同一个箭矢。于是他便联想到弧矢星很像弯藤和箭，如果用一根弦将弯藤两端连起，将箭装在弦上发射出去，那他的想法不就实现了吗？他赶忙找来弯藤和弦来试验，果然成功了。

挥悄悄地派人把这个消息告诉了颛顼，颛顼非常激动，给这种武器赐名为"弓"，并委任挥为弓正，叫他不要声张，继续研发。挥当上弓正后，又进行了许多试验，他发现制弓用的材料弹力越大越好，于是相继又发明了竹弓、柳木弓、桑木弓。弓的威力越来越大，人们打猎捕鱼、降伏敌人的能力也越来越强。

少昊去世后，颛顼打败争夺帝位的共工氏，成为部落联盟首领，始都穷桑，后迁都商丘。挥在打败共工氏的战斗中立下大功，于是颛顼模拟开弓射箭的形态,赐挥张姓。直至今日,张姓已经成了中国的大姓之一。

评析

挥善于观察、勤于思考,根据生活中见到的景象构思了弓箭的雏形,又不断改进、完善,提升弓箭的威力,方便人们的生活,也使战争获得胜利。挥表现出的优秀品质值得我们学习。

知识拓展

弓箭可以远距离杀伤敌人或者猎物,在冷兵器时代是最可怕的致命武器。中国弓箭的诞生要比西方早1000余年,早在春秋战国时期,就已经大面积应用于军事战争当中。后来,人们在弓的基础上,又制造了弩。弩比弓更加轻便快捷,比如三国时期诸葛亮制作的"连弩",就曾被人奉为神机。

思考

下面哪个说法是正确的？（　　）
A. 弓箭是颛顼发明的。
B. 中国的弓箭诞生晚于西方。
C. 弓是利用弦的弹力将箭矢射出的。
D. 弓箭在冷兵器时代有着很高地位。

7. 泥土的新生

故事　　　青花瓷

相传在元朝时期，有一个专门从事雕花的工匠，名叫赵小宝，他的未婚妻叫廖青花，二人感情非常好。有一天，青花对小宝说："这瓷杯上的花纹，要是能用笔画上去是不是会更美丽？"小宝皱着眉头回答道："其实我早就有这种想法，只是我寻找了很多年，都没能找到一种能够画在瓷器上不掉色的颜料。"

青花听后，暗暗下定决心，一定要想办法帮助心爱之人找到这种颜料。青花的舅舅非常了解矿物，于是青花便央求舅舅带她进山找矿石，开始舅舅不肯，因为找矿石太辛苦了，女孩子吃不消。可是青花心意已决，再三恳求，舅舅只得答应了她。于是第二天拂晓，青花便和舅舅进青石山找矿石去了。

时间过得很快，金秋变寒冬，一晃三个月就过去了，小宝迟迟不见青花和舅舅归来，心中万

分焦急。他放心不下,便冒着刺骨的寒风,踏着厚厚的白雪,直奔青石山去找青花和舅舅。小宝走了三天三夜,赶到青石山前,发现山谷中有一缕青烟,顿时心头一热,匆忙朝冒烟的方向奔去。

小宝走近一看,原来青烟是从一座倒塌了的炭窑里冒出来的。他赶忙钻进破窑,发现窑的一角堆满各色各样的料石,另一角还躺着一位昏迷的老人。老人身边堆有一堆柴火,青烟正是这堆柴火发出来的。小宝仔细看去,那老人正是青花的舅舅!他急忙叫醒昏迷的舅舅,舅舅苏醒过来,一看是小宝,十分焦急地说:"快!快!快上山去接青花!"

小宝顺着舅舅指的方向,拼命地向山顶跑,可是,当他到达山顶后,发现青花已经被冻死在大雪之中,尸体都僵硬了,在她身旁的雪地上,还堆着一堆堆已选好的石料。小宝见状,抱着青花的尸体哭得死去活来。一阵痛哭之后,小宝含泪掩埋了青花的尸体,搀扶舅舅回到镇上。

此后,小宝一心研制颜料。他将青花采挖的石料研成粉末、配成颜料,将笔蘸饱,在瓷坯上作画,经高温焙烧后,白中泛青的瓷器上便出现了蓝色花纹。后人为了纪念廖青花,就把画在瓷

7. 泥土的新生

器上的这种蓝花称之为"青花",把描绘这种蓝花的颜料称为"青花料(廖)"。

青花瓷一经出现便风靡一时,后人将青花瓷、玲珑瓷、粉彩瓷和颜色釉瓷并称为"四大名瓷"。

评析

廖青花为了让心爱的人能用笔在瓷器上画出更美的图案,不畏艰险地进山寻找矿石的精神让人动容,但是她最终以生命为代价找到了矿石,这个结果又让人感到惋惜。小宝用这种矿石制成的颜料在瓷器上作画,形成了美丽的青花瓷,也让这感人的故事流传至今。

知识拓展

青花瓷是中国瓷器的主流品种之一,诞生于瓷都——江西景德镇,是景德镇的传统名瓷之冠。中国的瓷器多是由瓷石、高岭土等经高温烧制而成,高温带来的釉色变化,赋予了泥土第二次生命。中国是瓷器的故乡,早在3000多年前的商朝,中国就出现了瓷器,不过质地不如当代的瓷器细腻。

给孩子的国学课

思考

下面哪个说法是不正确的？（　　）

A. 青花瓷诞生于德化窑。
B. 青花瓷是"四大名瓷"之首。
C. 瓷都指的是江西景德镇。
D. 中国是瓷器的故乡。

8. 古老的耕具

故事　　　　神农创耒

上古时期，人们过着居无定所的生活，常常受冻挨饿。炎帝成为部落首领之后，教会了人们种植五谷，解决了这一问题。但没过多久，人们便向炎帝报告，说土地太硬了，好不容易种下去的种子都会枯死在土里，不能生长。人们用手挖，用石铲铲，想了很多办法，都不能解决这一问题。

为了找到对付板结土块的方法，炎帝率领得力助手垂登上了雄伟的衡山俯视大地，耳听八百里气息，眼观千里外风光。随后二人发现了一条神奇的河流，于是便下山赶过去。河流附近住着几户人家，女的在烧火做饭，男的在抓鱼捉虾。炎帝在一旁观察他们的生活，被一个中年男子吸引了目光。他看到中年男子正用一根木棍撬开石块，捉出一只又一只肥蟹。炎帝走过去，接过木棍，连撬几块石头，发现比用手挖省力多了。炎帝很欣喜，又尝试把木棍往坚硬的土块上一插，再一撬，

那坚硬的土块立即松散开。

炎帝大喜过望，立即叫垂和那个中年男子一起过来，研究用木棍撬土之法。几经试验，发现略弯曲的木棍比直木棍好使，把木棍的一头削尖更容易插入土中。正在几人研究的时候，河边有几只肥大的螃蟹挥舞着大钳在挖土洞，炎帝看到灵机一动，把木棍下端做成了像蟹钳一样的尖叉，一试果然松土更顺畅。

很快，松土的农具便制作出来了，但这只是"耒耜"的雏形，后来炎帝亲自使用耒耕作并不断改进，不但定准了耒的长短尺寸，还把下端尖叉改削成上宽下窄的锋面耜，这时"耒耜"才算成型，刚好适宜平均身高七尺的男人，使用起来得心应手。从那时起，捉蟹的男子和垂就走遍大江南北，广传耒耜的使用方法和五谷种植技术，炎帝还加封为推广耒耜立下巨功的垂为"垂神"，封捉蟹男子为"耒神"，同时将那条神奇的河流命名为"耒水"。

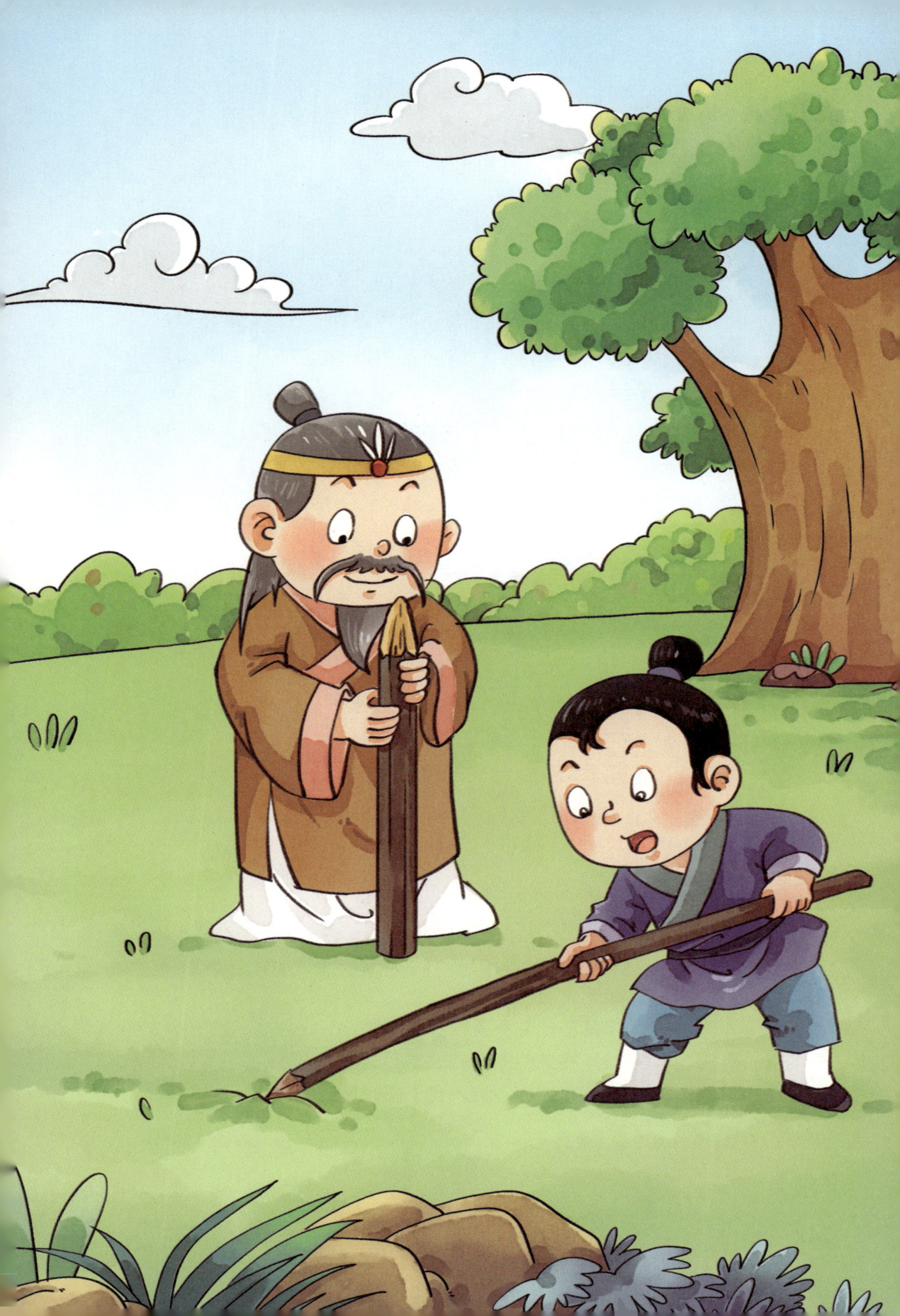

评析

我国古代对农业生产极为重视,不管哪朝哪代,都不敢荒废了农业。炎帝创制的耒是最古老的农具,现在看起来很简单,但在当时却是了不起的发明。耒的出现大大提高了耕作效率,增加了农业收成,让人们填饱了肚子。后来,随着农业的发展,人们又将耒耜发展成犁,更加提高了耕作效率和粮食产量,这一项发明比西方国家早千年。

知识拓展

中国古代四大农书及作者:
《氾胜之书》——西汉氾胜之
《齐民要术》——南北朝贾思勰
《农书》——元朝王祯
《农政全书》——明朝徐光启

思考

下面哪个说法是错误的?(　　)
A. 耒耜是炎帝发明的。
B. 中国古代并不重视农业发展。
C. 犁是在耒耜的基础上发明的。
D. 我国古代农业技术高于同时期的西方国家。

9. 神奇的墨家人

故事　墨守成规

战国时期，天下大乱，各国之间经常发生战争。有一回，楚国要攻打宋国，请来了当时著名的能工巧匠鲁班，特地为楚国设计了一种云梯。这种云梯携带方便，又高又长，利于攻城。墨子是宋国人，当时正在齐国游学，得知这个消息后，急忙赶到楚国去劝阻。墨子毫不停歇地走了十天十夜，终于到了楚国的郢都，他马不停蹄地去找鲁班，请他一同去面见楚王。

见到楚王后，墨子凭借自己的才华和雄辩的口才，竭力说服楚王和鲁班别再攻打宋国。楚王在墨子的劝说下同意了，但是刚刚造好的云梯还没有使用过，楚王想要在实战中试试云梯的威力。

墨子说："那好吧，既然你们要试，现在就可以，不过恐怕你们会失望的。"墨子边说边解下自己的衣带，围成一座城墙的模样，手里拿着一片木片当作武器，作为守城的一方，让鲁班代

表攻城的一方，在此处模仿真实的战争场景。鲁班多次使用不同的方法攻城，但都被墨子挡住了，眼看着鲁班攻城的器械已经使尽，而墨子的守城计策却还绰绰有余。

鲁班不肯认输，说道："我有办法对付你，但是我不告诉你。"墨子笑笑说："我知道你要怎么对付我，但我也不说。"一旁的楚王满脑袋糨糊，听不懂他们在打什么哑谜，问是什么意思。墨子说："他无非是想暗中杀掉我，以为杀了我，就没有人能够帮宋国守城了，可是他没有想到，我的门徒有三百多人，早已经守在宋国的城墙之上等着你们去进攻呢！"楚王听后叹了一口气，无奈地说："好吧，我答应你，我们不去攻打宋国了。"墨子得到答复之后，知道楚王不会蠢到再去攻打宋国了，便起身向楚王行礼告别，回到了宋国。

后来墨子的名声在各国传扬开来，跟随他学习的人也越来越多，墨子凭借"兼爱""非攻"等主张以及在科学技术上的成就创立了"墨家"学派，在先秦时期影响很大，与儒家并称"显学"，百家争鸣之时，有"非儒即墨"的美誉。

墨子去世后，他的弟子根据墨子生平事迹的

9. 神奇的墨家人

记载，收集他的语录，编纂成了《墨子》一书，其中《经上》《经下》《经说上》《经说下》《大取》《小取》六篇又被称为《墨经》。

评析

在百家争鸣的时代，思想主张百花齐放，各有所长，但在力学、光学、几何学、工程技术、物理学和数学这些自然科学上有突出成就的只有墨家一派。《墨经》是最早的物理学著作，其中有力系的平衡和杠杆、斜面等简单机械的论述，还记载了关于小孔成像、平面镜、凹面镜、凸面镜成像的观察研究，形成了一套完整的物理学理论，比古希腊欧几里得光学记载要早上100多年。

知识拓展

相传墨子曾经花费了三年的时间用木头制作成了一只木鸟,能够像真鸟一样飞上天空;后来鲁班用竹子改进了墨子的木鸟材质;再后来人们开始用纸来裱糊木鸟,逐渐演变成今天的风筝。

思考

下面哪个说法是正确的?(　　)
A. 中国古代没有物理学。
B. 墨子只有思想上的成就。
C.《墨子》一书是墨子本人撰写的。
D.《墨经》的主要内容有认识论、逻辑学,涉及数学、力学、光学、心理学及经济学等方面的内容。

10. 传奇建筑世家

故事　　样式雷

清朝康熙年间，南方有一位建筑工匠叫雷发达，他建筑技术非常高超，被委派修建圆明园。古代建造宫殿大多用上等的金丝楠木，因为金丝楠木纹理细腻，不会开裂，还带有一丝丝天然的香气，这种香气不仅好闻还可以避蚊蝇。

传说在修建正大光明殿的时候，正好需要一根大楠木做房梁，可是楠木的生长周期长，几百年才能长成为做梁柱的材料。于是雷发达便派人到处寻找，一个月之后四川有了回信，说在金沙江一带发现楠木林，林子里应该有符合要求的楠木，但是木材伐不回来。原来，那片林子有一个一人高的石洞，洞口雾气冲天，里面有一条水桶粗的千年蟒蛇，每隔几天就会出来吃一次东西。它只要张开血盆大口一吸，林子里的小动物就会被吸到嘴边，吞进肚子，就连寻找木材的工匠，也差点儿被蟒蛇吃掉，所以根本没有人敢靠近那片树林。

雷发达听了后，想了想说："那我就亲自去一趟吧。"那时的雷发达已经70多岁了。他来到四川，只见那片树林有十几亩，背后是耸立的高山，前面是奔腾的江水，林中有很多名贵的树种，如果能采伐到合适的楠木，顺着江水便可以运往北京。难题是，只有那条大蟒蛇的洞口才有能做房梁的楠木。

雷发达远远地望着洞口思索了一天，终于想出办法。他命令众人把船上的铁锚和火药用鲜肉包好，系上长长的锁链，拴在一头小牛身上，然后将小牛驱赶至蟒蛇的洞口吃草。等到天快黑的时候，人们只听见林中呼呼的响声很大，随后巨蟒探出头颅，张开血盆大口，一口就把小牛吞了下去。众人眼看着一个大疙瘩在蟒蛇的身上慢慢往下滑去，等铁锚挂住了大蛇的胃，雷发达便叫人往回拽绳子，同时点燃火药的引线，瞬间一声巨响，蟒蛇就被炸得粉碎。

这时人们才敢上前去，把楠木采伐下来。神奇的是，这根楠木用到正大光明殿上，尺寸不多不少，正正好好。人们听闻这样神奇的事后，留下四句话："楠木生来数量少，御封掌班亲自找。巧杀蟒蛇除祸害，由来胆大技艺高。"

10. 传奇建筑世家

从雷发达起，直到清朝末年，雷家一共8代人，都是主持皇家建筑设计的掌班，是中国历史上最著名的建筑世家，被同行称为"样式雷"，有"一部样式雷，半部古建史"的美誉。

评析

雷氏家族把持200年皇家设计，北京故宫、圆明园、颐和园、承德避暑山庄、清东陵和西陵等宫殿和皇陵大部分设计都出自雷氏一族。雷发达不顾年迈、亲自去看楠木的坚持，巧杀蟒蛇的机智，体现了他对建筑的热爱和执着。

知识拓展

雷氏家族进行建筑设计，会按1∶100或1∶200的比例，以纸张、秫秸和木头等为原料，用剪子、毛笔、小型烙铁等工具将原料裁剪、粘贴成立体形状，然后再涂上色彩，先制作模型小样，这种模型名为"烫样"，建筑的各个部分甚至床榻桌椅、屏风纱橱等均按比例制成。雷氏家族的烫样独树一帜，从中可以看到工程施工过程中的每一个细节及工程整体面貌，展现了中国古代建筑艺术的高超水平。

给孩子的国学课

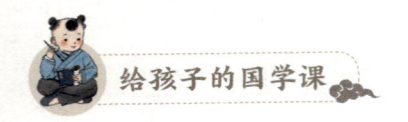

思考

下面哪个说法是正确的?（　　　）

A. "样式雷"指的是雷发达一个人。
B. "样式雷"没有什么超乎常人的技艺。
C. "样式雷"是负责清朝皇家建筑的世家。
D. 烫样的原材料以金属为主。

七、工程建筑

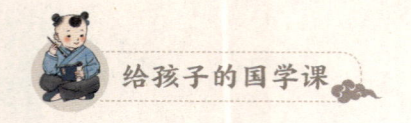

1. 万里长城

故事　　**烽火戏诸侯**

西周末年，周幽王姬宫涅是个昏庸的君主，老百姓因为连年旱灾四处流亡，而他却依然纵情享乐，不思进取。周幽王最喜爱的妃子是褒姒，她生得美艳，却冷若冰霜，自打进宫以来，就没有笑过。

周幽王十分想见褒姒笑的样子，于是想尽一切办法要逗她开心，可是无论用什么办法，褒姒都还是一样冰冷，终日不笑。这可愁坏了周幽王，无计可施的周幽王决定悬赏求计，谁能让褒姒一笑，就赏金千两。

周幽王手下有一个叫虢石父的奸臣想了一个主意，他提议用烽火台一试。烽火台本是长城上的高台，当有敌人侵犯的时候，守卫的哨兵就会点燃烽燧，相邻烽火台的哨兵看到后，也会立即点燃烽燧，这样便可以将敌人进犯的消息以最快的速度传递给附近的诸侯，诸侯见了烽燧，就知道是京城告急，天子有难，他们便会起兵勤王。可以说烽燧就是古代紧急军事报警信号。由国都到边镇要塞，沿途长城上都设有烽火台。

西周为了防备犬戎的侵扰，在镐京附近的骊山一带修筑了20多座烽火台，每隔几里地就有一座。虢石父陪同周幽王和褒姒二人登上了烽火台，命令守兵点燃烽燧，一时间，烽燧四起，各地诸侯一见警报，都以为犬戎打过来了，马上带着自己的兵马赶来救驾。当大家风尘仆仆地赶到时，只看到了周幽王和褒姒在高台上饮酒作乐，一个犬戎兵都没有。周幽王看到各路诸侯都来救驾，便轻描淡写地说："这没什么事儿，辛苦你们了，我只是在与王妃放烟火取乐，你们回去吧！"这时诸侯才知道被周幽王戏弄了，但也没办法，只能心怀不满地回去。

褒姒看到千军万马招之即来，挥之即去，就像演戏一样，而且士兵们匆忙行军的狼狈模样，让她觉得十分有趣，禁不住嫣然一笑。周幽王终于看到了梦寐以求的笑容，立刻赏了虢石父千金。周幽王为了能多看几次褒姒的笑容，接连戏弄了诸侯几次，诸侯们也不愚蠢，渐渐地就都不来了。

公元前771年，犬戎进攻镐京。周幽王急忙

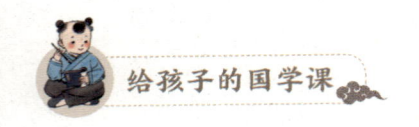

命令烽火台点燃烽燧。烽燧倒是还像当初一样，白天冒着浓烟，夜里火光冲天，可是诸侯因屡次受骗都不再理会，没有一个救兵到来。最后，周幽王和褒姒被犬戎兵砍死，西周就此灭亡。

评析

"烽火戏诸侯"是千百年来妇孺皆知的典故，告诫人们不要欺骗他人，否则就会像周幽王一样，渐渐地失去所有人的信任。

知识拓展

长城，是中国古代排名第一的军事防御工事，始建于西周，秦统一天下后，秦始皇连接和修缮了原有的长城，这才有了"万里长城"之称。明朝是最后一个大修长城的朝代，今天人们所看到的长城多是那个时候修筑的。

1. 万里长城

思考

下面哪个说法是正确的？（　　）
A. 万里长城正好有 1 万千米长。
B. 烽火台不是长城上的建筑。
C. 清朝时期也曾大修过长城。
D. 明长城总长 8851.8 千米。

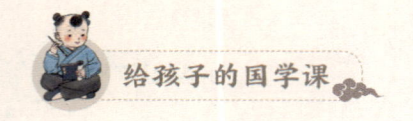

2. 秦始皇的侍卫

故事　**秦始皇陵兵马俑**

秦王嬴政22岁那年，消灭了吕不韦和嫪毐两大势力，正式执政。古代君王很多都是在世的时候就开始为自己修建陵墓，嬴政也不例外，他刚一执政，就下令大规模修建陵墓。

君王更看重风水学说，嬴政察看过许多地方，最后选中了骊山。骊山风光秀丽，加上山阴产玉，山阳多金，金玉双全，正符合他的迷信思想，所以他就把墓地定在了骊山北麓。他不仅从全国调来70多万戴罪的"刑徒"，还从山东、河南等地征来大量民夫。百姓受强权逼迫，虽不情愿，但也不得不去。

相传，除了征召大量百姓，嬴政还有一个更残忍的想法，他下诏书命丞相李斯征集数千对童男童女为他殉葬。李斯看了诏书，吓得冷汗直流，他心想："要无故剥夺这么多小孩子的生命，老百姓必然会反对，一旦百姓们联合起来造反，那

2. 秦始皇的侍卫

秦朝就会丢了江山，自己也会成为千古罪人。但是如果不办，秦王就会降罪，自己也活不成。"一时间可愁坏了李斯，他想了很久，终于想出了一个折中的办法，于是觐见秦王说："大王，臣给您提个建议，哪怕您杀了我，我也要说，如果征集小孩子殉葬，必会引起国家动乱，我们不如改用泥土烧制出与您的士兵样貌相同的陶俑，这样在您百年之后，仍然拥有军队守卫，国家也不会发生动乱。"嬴政听后觉得有道理，于是改变原意，下旨令李斯征集全国的能工巧匠，烧制规模庞大的出巡仪仗队，要求把陶人、陶马制得和真人真马一样大小。

李斯从民夫当中选出了数百名专门烧制砖瓦的工匠，向他们宣读了圣旨。但是此前从来没有人做过陶人陶马，只能硬着头皮去尝试，起初很多次尝试都没能成功，嬴政一气之下便处死了100多名工匠。在这批被杀的工匠中，有个老工匠想出了办法，只是还没来得及试验就被杀害了。不过在临死前，他将方法告诉了他的儿子，要单窑分段烧制。儿子含泪埋葬了父亲，按照父亲生前的嘱咐，单窑单俑分段烧制，烧成后再组合，经过几次试烧，终于制作出了完整的陶俑。

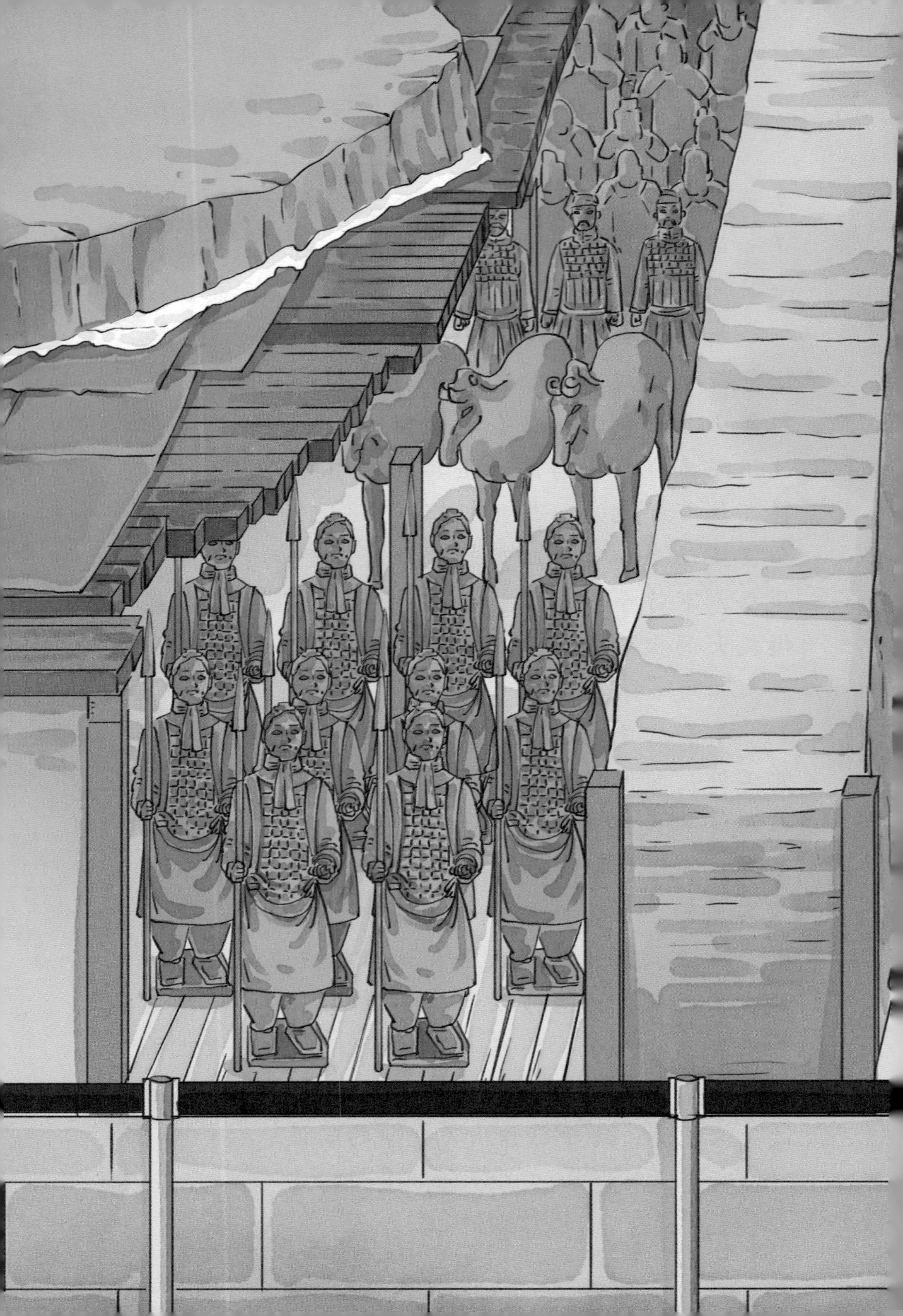

2. 秦始皇的侍卫

其他工匠便都按照这种方法烧制，大伙儿没日没夜地赶工，几千件陶人、陶马终于按期如数烧制好了，并按照李斯的要求，把陶俑排成整齐的队形。

公元前210年，秦始皇驾崩，秦二世胡亥继承了帝位。他怕修建陵墓的工匠泄露秘密，便偷偷地将秦始皇的棺椁运进墓中，然后命令所有修建陵墓的工匠都来领取赏赐。工匠们万万没想到，秦二世已经起了杀心，他们刚走进陵墓，秦二世便下令封门，把他们都堵在了里面，成了殉葬品。传说只有一个人逃了出来，这人就是第一个制成陶俑的小伙子。原来，秦始皇陵墓里的水道是他修砌的，他见势不妙，便钻进水道，等到天黑才逃出来。

1962年，考古人员对秦始皇陵园进行第一次全面的考古勘查。1974年，下和村农民在村南打井，井口刚好开在一号坑的东南角，秦始皇陵兵马俑埋葬坑被发现。同年，在陵园东1.5千米处又发现兵马俑坑三处，呈品字形排列。四个坑面积共25 392平方米。1987年，秦始皇陵及兵马俑坑被联合国教科文组织批准列入《世界遗产名录》，被誉为"世界第八大奇迹"。

评析

秦始皇陵兵马俑，是古代墓葬雕塑的典型代表，其精良的工艺、宏大的规模举世罕见，被誉为"世界十大古墓稀世珍宝"之一。

单就规模和工艺而言，秦始皇陵兵马俑确实可以称作世界之最，但只为了体现高高在上的皇权，就耗费巨大的财力和人力，修建如此大规模的陵寝，也是我国历史上封建王朝存在的弊端。

知识拓展

据史料记载，秦始皇陵曾遭遇过一次巨大的劫难：项羽攻入关中后，曾大规模破坏秦始皇陵，地面建筑损毁非常严重；考古发现一号俑坑和二号俑坑都有被大火焚烧后遗留下来的黑色木炭。

思考

下面哪个说法是不正确的？（   ）
A. 兵马俑是用泥土烧制而成的。
B. 秦始皇陵兵马俑是中国古代的工程奇迹。
C. 秦始皇陵兵马俑是考古学家率先发现的。
D. 秦始皇陵兵马俑被誉为"世界十大古墓稀世珍宝"之一。

3. 皇帝的豪宅

故事　　　　故　宫

　　1403年，靖难之役中燕王朱棣获得胜利，夺取皇权，成为大明朝的第三位皇帝。因为朱棣曾经的封地在北平，所以他对北平的感情很深，于是他大力擢升燕京北平府的地位，以北平为北京，并下令兴建北京皇宫和城垣。

　　朱棣先派人到全国各地去开采名贵的木材和石料，然后运送到北京，光是准备工作，就持续了11年。皇宫所使用的楠木，都生长在深山野岭里，很多百姓为了采木而丢掉性命，人们常用"入山一千，出山五百"来形容采木所付出的生命代价。开采石料同样很艰辛，比如保和殿后面那块巨大的丹陛石，开采于北京房山。由于石料太重，人力无法搬运，所以劳工们只能在道路两旁每隔一里左右挖一口井，到了寒冬腊月，就从井里汲水泼成冰道，总共用了28天的时间，才将石料送进宫里。

朱棣在下令兴建皇宫的时候，就做好了将北京作为明朝首都的打算，所以对皇宫建筑的要求非常高。

朱棣曾经要求在皇城的四个城角上盖四座样子特别美丽的角楼，每座角楼要有九梁十八柱、七十二条脊。如果做不好，就要处死管工大臣。这下管工大臣慌了，因为他不知道如何盖这九梁十八柱、七十二条脊的角楼。于是他火速赶往北京，叫来了八十一家大包工木厂的工头、木匠们，跟他们传达了皇帝的旨意，限他们三个月内，一定要完成皇帝要求的角楼，如果完不成，那就只能大家一起死了。

工头和木匠们不敢反抗皇权，只能聚在一起抓紧想办法。转眼一个月就过去了，大家一点儿头绪都没有，刚好又赶上三伏天，热得人喘不上气来。大家心里烦闷，坐立不安，其中有一位木匠师傅，实在是待不住了，就上街溜达去了。

走着走着，木匠师傅就看到有人在卖蛐蛐儿，其中有一个细秫秸棍插的蛐蛐儿笼子，精巧得跟画里的楼阁一样。木匠师傅想："反正生死由命了，不如开心一点儿，买笼蛐蛐儿回去逗大伙儿开心。"于是他买下了那个笼子和蛐蛐儿。

3. 皇帝的豪宅

当他回到工地时，大伙儿一看就吵嚷起来："大伙儿都烦着呢，你买一笼子蛐蛐儿，成心吵人吗？""我看大家都没有心思睡觉，不如用蛐蛐儿解个闷儿！你们看……"木匠原想说你们瞧这个笼子多么好看！可是话到嘴边停住了，因为这笼子有点特别。他急忙摆着手，"你们先别吵，快过来看！"他指着蛐蛐儿笼子的梁、柱、脊细细地带着大家数了一遍，蹦起来一拍大腿，"这不正是九梁十八柱、七十二条脊吗？"

大伙儿都非常兴奋，受这个笼子的启发，终于琢磨出了紫禁城角楼的样子，完成了皇帝交代的任务，保住了性命。

15年的时间，北京皇宫和北京城终于建成，朱棣也正式将首都由南京迁至北京。皇宫南北长961米，东西宽753米，四面围有高10米的城墙，城外有宽50多米的护城河，占地面积72万平方米。中国古代讲究"天人合一"的理念，认为天上的紫微宫正对应着人间帝王的居所；同时，皇宫属于禁地，常人不能随便进入，所以人们也将皇宫称为"紫禁城"。直至1925年故宫博物院正式成立，对外开放，紫禁城才被称为"故宫"。

评析

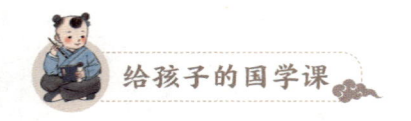

北京城的中轴线南北长 8 千米,故宫也依照这条中轴线左右对称。整个故宫,在建筑布置上,处处体现着封建社会的等级制度,也处处展示着中国古代高超的建筑艺术。

故宫作为明、清两朝的皇宫,经受了 600 多年的风雨,见证了无数次历史的巨大变革。虽然其间几经破坏,但最终还是为我们留下了一座保存完好的、杰出的古代皇家建筑艺术品,甚至可以说是人类历史的文化遗产。故宫是历史文化的载体,所以我们要牢记历史的教训,保护好仅存的遗迹,不再破坏民族文化赖以生存的土壤。

知识拓展

天安门,最初名为"承天门",意为"承天启运、受命于天",是明清两代北京皇城的正门,清朝顺治八年(1651 年)才更名为"天安门"。城台下共有券门五阙,中间的券门最大,位于皇城中轴线上,过去只有皇帝才可以由此出入。

思考

下面哪个说法是不正确的?(　　)
A. 北京城与故宫说的是同一所建筑。
B. 故宫是朱棣下令修建的。
C. 故宫是明、清两朝的皇宫。
D. 故宫原来也叫紫禁城。

4. 西藏历史的博物馆

故事 **布达拉宫**

唐太宗李世民时期，松赞干布掌管吐蕃王朝治理西藏地区，他勤政爱民，君民一心使吐蕃日益强大。为了和唐朝建立良好的关系，学习唐朝先进的文化和制度，松赞干布曾多次向李世民求亲，希望迎娶一位唐朝的公主，让西藏和大唐能够更加亲近。

这一年，松赞干布的使臣禄东赞再次带着厚礼来到长安向李世民求亲，唐朝周边的几个国家也派出了使臣，要求娶才貌双全的公主。李世民也很难做出抉择，便决定让各国使臣比试智慧，答对他问题的国家才能迎娶公主。各国的使臣都摩拳擦掌、跃跃欲试，期待为自己的国家带回一位贤德的王后。

第一道题，李世民派人找来了十根两头一样粗细的木头，要求使臣们判断哪头是根、哪头是尖。第一题便难倒了一大部分人，使臣们纷纷挠头，

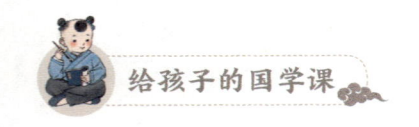

不知道怎么回答。只见禄东赞不慌不忙地走到木头前，抱起一根扔到水里。因为木头根部比尖部密度大，所以根部在水中会下沉，这样禄东赞便轻松地分出了木头的尖和根。

李世民继续出第二道题。他拿出一块玉，玉中间有一个转了九道弯贯穿整块玉的细孔，他让使臣们将细线从孔中穿过去，谁能成功就过了这一关。使臣们都开始眯着眼捏着线往孔里穿，只有禄东赞与众不同，他在孔的一头涂上蜂蜜，然后抓了一只小蚂蚁，在蚂蚁的身上系上细线，蚂蚁闻到蜂蜜的气味便开始向孔里爬，爬得慢了，禄东赞就对着孔不断吹气，很快蚂蚁就带着细线穿过了小孔。禄东赞再次过关。

李世民颇感欣喜，接着出了第三道题。他命人将100匹母马和100匹小马驹混在一起，要求使臣们区分哪匹马驹是哪匹母马生的。使臣们想出了许多措施，比如按颜色配对、按长相区分，但分来分去都不对。这时候，禄东赞灵机一动，他请求将所有的马驹关在一个马圈中，再将所有的母马关在另一个马圈中，然后隔一夜再一起放出来。第二天，在所有人的注视下，放出来的马驹都迅速找到了自己的妈妈。原来，关了一夜，

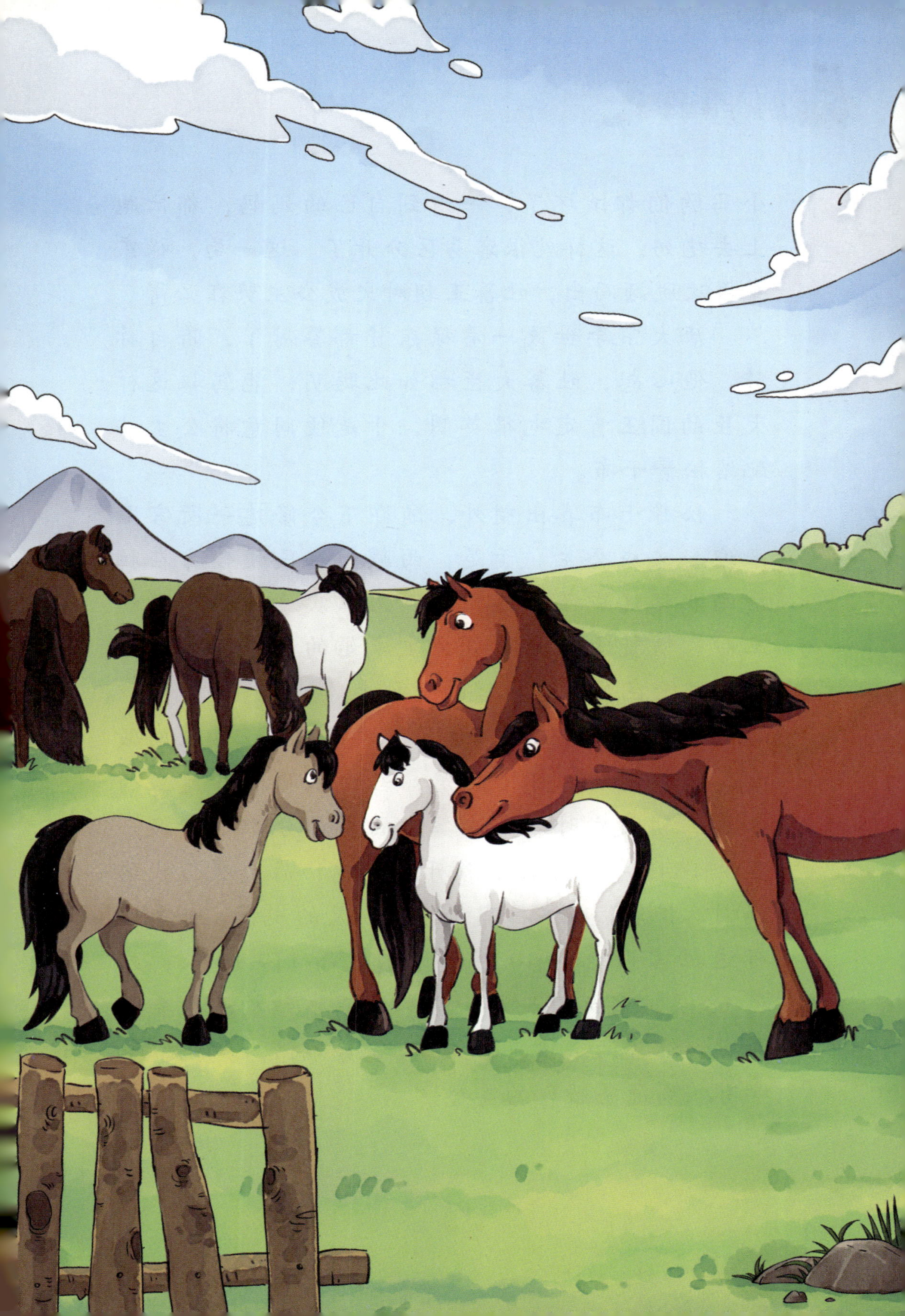

小马驹们都饿坏了,一看到自己的妈妈,都忙跑上去吃奶,这样就很容易区分开了。这一局,禄东赞再次脱颖而出,吐蕃王朝对文成公主势在必得。

唐太宗李世民一看禄东赞都答对了,暗自称赞。他心想,吐蕃大臣都如此聪明,能驾驭这样大臣的国王肯定也很英明,于是便同意将公主许配给松赞干布。

松赞干布喜出望外,随即下令修建一所宫殿来迎娶文成公主。于是,西藏的人民便合力在拉萨西北部建成了布达拉宫,用以欢迎即将到来的王后。松赞干布向文成公主求婚的故事,也被生动地描绘在了布达拉宫的壁画上。

松赞干布建造的布达拉宫共有九层,999间殿堂,气势恢宏。可惜的是,当由松赞干布建立的吐蕃王朝灭亡时,布达拉宫的大部分都被焚毁。直至1645年,五世达赖开始重建,后又经历代达赖喇嘛扩建,布达拉宫才达到今天的规模。如今,布达拉宫占地约40万平方米,高117.19米,外观13层,实际有9层,全部为石木结构;主要由白宫和红宫两个建筑群组成,气势雄伟,磅礴大气,素有"高原圣殿"的美誉。

4. 西藏历史的博物馆

评析

布达拉宫源自一个美丽而又浪漫的爱情故事，这个故事流传千年。西藏人民信仰藏传佛教，因此布达拉宫具有独一无二的魅力，成为藏传佛教寺庙与宫殿相结合的代表作品。

中华文明是由各民族文化共同组成的，布达拉宫所代表的西藏的历史文化，是中华文明中不可缺少的一颗明珠。

知识拓展

藏传佛教的第六世达赖喇嘛仓央嘉措，不仅被五世达赖认定为转世灵童，还是中国历史上著名的诗人，写了很多感情真挚的诗歌，其中最为经典的就是《仓央嘉措情歌》。

思考

下面哪个说法是正确的？（　　　）
A. 布达拉宫始建于1645年。
B. 布达拉宫始建于松赞干布时期。
C. 布达拉宫只是一座宫殿建筑，与寺庙无关。
D. 布达拉宫位于新疆。

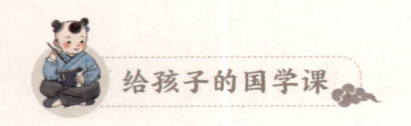

5. 悬在空中的寺庙

故事

悬空寺

山西恒山上有座"玄空阁",建立在金龙峡西侧翠屏峰的峭壁上,看起来就像悬挂在悬崖上一样,所以人们也叫它"悬空寺"。相传很多年前,悬空寺对面的山上,还有一座寺庙,叫白马寺。白马寺很小,山路又难走,所以除了一些家有重病人的香客外,很少有人愿意上去。寺庙里有一位老和尚,人们称他为白马法师。白马法师不是什么大德高僧,修为不高,每当看到悬空寺信徒众多,他就心生嫉妒,恨不得把信徒都抢到自己的寺庙中来。

一天,白马法师因妒生恨,决心要和悬空寺的静悟道人比个高低,决出胜负。他坐在寺中,掐诀念咒,随后用拂尘向南一指,山下的河水便迅速上涨,水势凶猛无比,发起大水,沿途的很多庄稼都被水冲毁了。白马法师此时轻蔑一笑,继续用手一指,大水便冲向了悬空寺。

5. 悬在空中的寺庙

这时静悟道人正在悬空寺里打坐，隐隐听见远处传来水声，他仔细一盘算，便知道是白马法师在作怪。静悟道人法力高强，所以他一点儿都没有慌张害怕，而是缓缓闭上眼睛，口中念念有词，没一会儿，向悬空寺冲来的大水竟慢慢地退下去了。一连七次，每次水离悬空寺七尺远就停下了，无论如何都接近不了悬空寺。白马法师气急败坏，又用手一指，大水顺流而下，把附近的浑源城刮掉了一角。

静悟道人见白马法师无休止地挑衅、伤害无辜，十分生气，决定要惩罚一下他，便向空中大喊："黑鹰，快快出来！"静悟道人的声音震彻山谷。

话音刚落，从一个大山洞里飞出来一只大黑鹰，它盘旋几圈之后，稳稳地落在了悬空寺角楼上。静悟道人说："黑鹰，白马和尚行为不端，损害了佛门的名誉，如果不惩罚他，百姓们将不会有安宁的日子。你去教训教训他，但不要伤害他的性命。"

黑鹰听后，展开巨大的翅膀飞上天去。白马法师并不知道静悟道人的本领有多大，更不知道静悟道人的大徒弟黑鹰的神通。只见黑鹰飞来白马寺，用翅膀一扇，白马寺便瞬间燃起大火，如

果不是白马法师躲闪得快，恐怕也会一同被烧成灰烬。这回白马法师害怕了，赶忙找了一把扫帚，施法念咒，向空中逃跑。临走时，白马法师还不忘报复，拿出拂尘一甩，抽出一股大水，凌空朝黑鹰窝冲去，怎奈他法力有限，大水只把黑鹰洞口的碎石、泥渣冲洗了个干净，并没有伤到洞穴分毫。

就这样，静悟道人和黑鹰赶走了白马法师，山下的百姓们得以安宁地生活，不再被白马和尚所伤害。

现在，如果去悬空寺，在唐峪口附近，还能看到半山腰上有一个山洞，再往里走，与悬空寺相对的山峰上有一块平地，隐约能看到一些大火焚烧后的残垣断壁，据说这就是黑鹰洞和白马寺的遗址。

据记载，悬空寺始建于北魏后期，距今已有1500多年，是中国少见的佛、道、儒三教合一的独特寺庙，以悬于深渊之上而闻名天下，素有"悬空寺，半天高，三根马尾空中吊"的乡间俚语，也是恒山十八景中的"第一胜景"。当年李白游览悬空寺后，还曾在岩壁上书写了"壮观"二字。

评析

悬空寺利用了力学原理，借助岩石、峭壁做基础，再用梁柱相接，看似一座空中庙宇，巧夺天工。同时，悬空寺屋檐、结构、屋脊形式多样，既神奇又壮观，既融合了中国园林建筑艺术，又不失中国传统建筑的格局，是中国现存的具有很高艺术价值的建筑珍品，展现了我们中华民族灿烂的文化艺术和文明历史。悬空寺是中国古代人民智慧的杰出体现，不仅是中国人民的骄傲，也是世界人民的骄傲。

知识拓展

河南省洛阳市有一座白马寺，是东汉时期佛教传入中国后兴建的第一座官办寺院，号称"中国第一寺"，被视为"释源"（释教发源地）和"祖庭"（祖师之庭）。

思考

下面哪个说法是正确的？（　　）
A. 悬空寺坐落于山西恒山之上。
B. 悬空寺建立在平整的地面上。
C. 李白没有看过悬空寺美景。
D. 悬空寺被称为恒山十八景中的"第二胜景"。

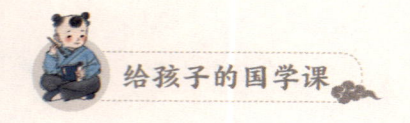

6. 李冰斗江神

故事　　　　　都江堰

相传2000多年前，蜀地平原经常发生严重的水灾。每到梅雨季节，岷江的水位就会暴涨，然后决堤而出，气势汹汹地冲向地势低洼的平原，庄稼被冲毁，房屋也被冲塌，很多地方被水淹没。人们非常恐慌，都把洪水视为妖怪。一见大水来了，就会呼喊："水妖来了！水妖来了！"然后大人、小孩儿都慌忙地往山上跑。

百姓们畏惧水妖，希望得到神灵的庇佑，于是在岷江岸边修建庙宇，供奉江神。每年农历六月廿三，人们还会举行隆重的仪式，杀猪宰羊祭祀江神，更残忍的是还要奉送两个童女去江中服侍江神，祈求江神息怒，不要再发洪水。很多年来，不知道有多少童女白白丢掉了性命，但江神没发一点儿善心，洪水照样泛滥，那些被献祭的童女的家人，也因此更加痛恨江神。

后来，李冰来到了蜀地做郡守，上任之后，

6. 李冰斗江神

他了解了当地百姓的生活情况，祭祀江神的习俗让他感到气愤。李冰决心为民除害，坚持要亲自主持祭祀江神的仪式，并且让自己的两个女儿去献祭。祭祀当天，蜀郡大部分百姓来到了神庙，挤在一起看李冰到底要如何对付江神。

李冰先给江神斟满了一杯好酒，恭恭敬敬地请江神喝下，他连饮三杯，但江神杯中的酒却一丝未动。李冰勃然大怒，拔出锋利的佩剑，指着江神斥责道："我很敬重你，才请你喝酒，你却不接受这份尊重，那就别怪我不客气了！"说完一剑向江神刺去，只见一阵阴风骤起，江神就不见了踪影，但旁边的草地上却出现了一头疯狂奔跑着的野牛。李冰一看便知是江神所变，于是他也变成了一头野牛去追，两头野牛在江心展开了一场生死搏斗，打得难分难解。过了一会儿，李冰又变回了人，对他的下属说："这个妖怪不好对付，你们下来助我！"下属们说："郡守，我们分不清哪个是您啊！"李冰说："腰间有一条白色绶带的就是我，你们快来助我！"说完又立刻化为野牛在江心和江神搏斗。岸上的下属也齐心协力，纷纷拿出弓箭瞄准江神，乱箭射死了他。

李冰和百姓们共同战胜了江神，大伙儿欢欣

鼓舞，在李冰的指挥下，大家合力凿开了宝瓶口，把岷江水分为二江，不仅洪水不再泛滥，还能灌溉平原上的数万亩农田。此后，蜀地百姓丰衣足食，生活越来越幸福，李冰也因此在百姓中享有很高的威望。据说当时谁家生了男孩儿，都会取名为"冰"，意在希望男孩儿长大后成为李冰一样为百姓造福的人。

都江堰，位于四川省成都市都江堰市城西，是一个庞大的水利工程系统，光渠首占地面积就有200余亩。它担负着四川盆地7市40县共计1130万余亩农田的灌溉和城市生活供水任务，提供防洪、发电、林果、旅游等多项综合服务。都江堰建立至今已有2250多年，它为蜀地变成肥沃的土地、拥有丰富的物产发挥了巨大的作用。正因为都江堰的存在，成都才成了"天府之国"。

6. 李冰斗江神

评析

　　李冰作为蜀地的郡守，时刻心怀百姓，帮助百姓解决了困扰他们多年的水患，让蜀地人们安居乐业，他的作为让人敬佩。

　　都江堰是当今世界上年代久远、唯一留存的宏大的水利工程，它采用了无坝引水、自流灌溉的系统，巧妙地借助了岷江的地貌，把害人的水灾转化成了利人的灌溉用水，化腐朽为神奇，体现了中国古代劳动人民的智慧。

知识拓展

　　李冰的儿子名为李二郎，曾与李冰共同修建都江堰，在蜀地人们心中威望极高，人们称他为"二郎神"，并建庙奉祀。岷江右岸的山坡上有一座"二王庙"，就是人们用来纪念李冰父子的。

思考

下面哪个说法是不正确的？（　　）
A. 李冰曾是蜀地的郡守。
B. 李冰是战国时著名的水利家。
C. 都江堰是成都富饶的重要基础。
D. 都江堰采用大坝拦截的方式治水。

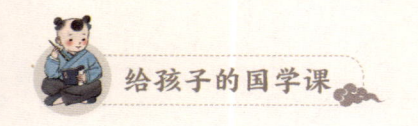

7. 天下绝景

故事 　　　　　　**黄鹤楼**

相传三国时期，在湖北武昌，有一姓个辛的人。他以开酒楼卖酒为生，但生意一直都不好，这让他很发愁。有一天，酒楼来了一位身材高大、衣衫褴褛的道士，这位看上去寒酸的道士，正是大名鼎鼎的吕洞宾祖师。道士神色从容地问辛氏："老板，能给我一杯酒喝吗？"辛氏心地善良，没有因为他衣衫破烂而瞧不起他，赶忙盛了一大杯酒奉上。就这样，道士一喝就是大半年，而且从来没有付过钱，辛氏没因为道士付不出酒钱而显露厌烦，依然每天请他喝酒。

有一天，道士对辛氏说："我欠了你很多酒钱，但我没有钱还你，不过我有另一个办法补偿你。"说完道士便从篮子里拿出了一块橘子皮，在墙上画了一只鹤。因为橘皮是黄色的，所以画的鹤也是黄色的，道士画完什么也没说就离开了。老板感到很奇怪，不知道道士在干什么。后来他才发现，

7. 天下绝景

只要来酒楼喝酒的客人拍手歌唱，墙上的黄鹤便会随着歌声、跟着节拍翩跹起舞。人们都想看到这样奇妙的事，因此酒楼的客人越来越多，十年下来，辛氏靠这只仙鹤累积了很多财富。

十年后的一天，那位道士又来到了酒店，辛氏赶忙上前致谢说："非常感谢您的帮忙，我愿意供养您，满足您的一切要求。"道士笑着回答说："我哪里要你供养呢？"说完道士便取出笛子吹了几首非常动听的曲子，只见天上的朵朵白云随着曲子飘摇而下，画上的黄鹤也随着白云飞到道士面前，道士跨上鹤背，乘着白云飞上天去了。

辛氏为了纪念这位道士，表达自己的感恩之情，便用十年来赚下的银两在黄鹄矶上修建了一座楼阁。起初人们称之为"辛氏楼"，后来吕洞宾的故事广为流传，人们才将"辛氏楼"改称为"黄鹤楼"。

黄鹤楼建立在武昌的蛇山之巅，濒临长江，历代文人雅士都喜爱登楼观景。唐朝诗人崔颢在登临黄鹤楼后，写下了传诵千古的佳作《黄鹤楼》："昔人已乘黄鹤去，此地空余黄鹤楼。黄鹤一去不复返，白云千载空悠悠。晴川历历汉阳树，芳草萋萋鹦鹉洲。日暮乡关何处是？烟波江上使人

愁。"后来李白也登上了黄鹤楼，看到此诗，大为折服，他赞叹道："眼前有景道不得，崔颢题诗在上头。"

自三国时期至清朝末年，黄鹤楼多次毁于大火和战争，各朝代也重建过很多次，在1884年被大火焚毁之后，一直不得重建。1985年，黄鹤楼在今址重建。

评析

黄鹤楼外观五层，内部实际有九层，隐含"九五之尊"之意，八方飞檐的鹤翼造型体现了黄鹤楼的独特文化，是中国传统建筑特色与文化意蕴的完美结合。

黄鹤楼是"中国古代四大名楼"之一，关于黄鹤楼的传说数不胜数，都颇具神话色彩。崔颢的一首《黄鹤楼》，使黄鹤楼名扬天下，后世的文人雅士纷纷效仿他登楼观景，留下的诗作有400多篇，这些名篇让黄鹤楼成了一个文化的载体，不再是一座单一的楼阁。

7. 天下绝景

知识拓展

中国古代四大名楼及所在城市：
黄鹤楼——湖北武昌
岳阳楼——湖南岳阳
滕王阁——江西南昌
鹳雀楼——山西运城

思考

下面哪个说法是正确的？（　　）
A. 黄鹤楼始建于三国时期。
B. 黄鹤楼一直保存完好。
C. 黄鹤楼因李白的诗而闻名天下。
D. 现今的黄鹤楼与古代的黄鹤楼在同一位置。

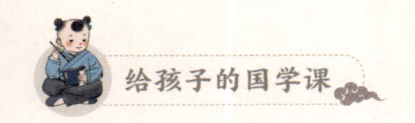

8. 石窟艺术的巅峰

故事　　龙门石窟

传说在上古时期，河南洛阳有一座大山，山的西南面有一个巨大的湖泊，伊水滔滔不绝地向湖中注入，导致湖水迅速上涨，继而形成了洪水，冲毁了附近的农田和村庄，人们只好拖家带口，跑到附近的山上避难。

那时候舜帝命大禹治理天下水患，大禹来到这儿一看，当即决定要将湖水疏导出去，不能让它继续淹没百姓的房屋和田地。他登上附近最高的山峰，仔细地观察了一番地形，发现正是那座大山挡住了水的流向，于是他扛着大斧子来到山前，使出全身的力气，一斧子下去，就把山中间劈出了一道巨大的沟槽。一座山变成了两座，两山之间是沟槽，就像在墙上开了一个洞，洪水从沟槽中滚滚而过，流入黄河。这样一来，洪水渐渐消退，只留下了中间那条长年流淌的伊河，灌溉着两岸平坦肥沃的田地。

8. 石窟艺术的巅峰

因被凿断的山如同两扇大门，所以大禹将其命名为龙门山。传说每年河里的鲤鱼都要沿黄河逆流而上，来到龙门山前，而能够跃过这段河道的鲤鱼就能变化成龙，跃不过去就还是鲤鱼。

不知什么时候，佛祖领着菩萨、天王和弟子们出行到龙门山，望着大禹治水的绝妙工程和龙门山宜人的景色，喜欢得不得了，竟都不想离开，站在那里欣赏了很久。刚巧那天艳阳高照，河水的波纹把他们身上的神光反射到了两岸的岩壁上，印下了大大小小、高低错落的影子。神力大的，留下的影子比较清晰，神力小的，留下的影子比较模糊，表情有的慈善，有的英武，有的凶猛，有的还挤眉弄眼不那么庄重。因为这些影子印在了龙门山的石壁上，所以人们称之为"龙门石窟"。

拨开龙门石窟神秘的面纱，其实它最初开凿于北魏年间，盛于唐，终于清末，历经10多个朝代，陆续营造长达1400余年，是世界上营造时间最长的石窟。现存的石窟1352个，像龛785个，造像9.7万余尊。石窟中雕刻的大部分是佛家的菩萨形象，其中最负盛名的佛像之一便是卢舍那大佛，是按照武则天的样貌刻画的，通高17.14米，头高4米，耳朵长达1.9米，微睁双眼，面带笑意，被国外游客赞誉为"东方蒙娜丽莎"和"世界最美雕像"。

评析

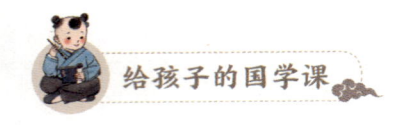

古代皇室贵族拥有雄厚的人力和物力条件，所以他们主持开凿的石窟必然规模庞大，富丽堂皇。龙门石窟具有浓厚的宗教色彩，从中可以推测出中国历史上一些政治动向和社会经济发展态势，这是其他石窟无法比拟的。

作为中国石窟艺术变革的里程碑，龙门石窟位居中国石窟之首，但也曾多次遭受到人为损毁和盗凿破坏，今天我们见到的遗迹，是无数人拼尽全力保护下来的，所以我们要更加珍惜和爱护它，不再让这件人类文明的遗迹遭到破坏。

知识拓展

中国三大石窟及所在城市：
龙门石窟——河南洛阳
莫高窟——甘肃敦煌
云冈石窟——山西大同

思考

下面哪个说法是正确的？（　　）
A. 龙门石窟造像多为道家神像。
B. 龙门石窟在中国石窟系列排名第二。
C. 龙门石窟是中国石窟艺术的里程碑。
D. 龙门石窟一直以来保存完好。

9. 皇家的山水乐园

故事　　　　颐和园

北京西北郊有一处依山傍水之地，金贞元元年（1153年）完颜亮在此设行宫，明代皇室改建为好山园，清乾隆十五年（1750年）又改建，名为清漪园。

可是，清朝晚期国力十分衰弱，清漪园也逐渐荒废，等到第二次鸦片战争之后，更是被英法联军一把大火烧得一干二净。光绪十四年（1888年），慈禧太后为了退居休养，下令重建清漪园，并改名颐和园。

相传在慈禧建颐和园时，她把自己当成了天上的王母娘娘，下令要把颐和园修成"天上人间"。她命人在昆明湖边上安置了一头铜牛，用来象征牛郎，然后在石舫的旁边又建了一座织女亭，代表织女的住所，用中间的昆明湖象征天河，这就有了天庭的阵势。

颐和园重建完成后，慈禧并没有在里面住上

几年，就发生了八国联军侵华战争，园内的建筑和文物遭到了前所未有的破坏。两年之后，慈禧再次进行修复，但因为晚清时期国库经费短缺，所以质量相比于之前差了很多。

评析

颐和园是现存规模最大的皇家园林，被誉为"皇家园林博物馆"。除了富丽堂皇之外，颐和园还是很多历史事件的发生地，比如公车上书、戊戌变法、囚禁光绪帝、捕杀维新派人士等，颐和园一度成为守旧派反对变法、准备政变的中心。

知识拓展

清朝皇家园林用"三山五园"来概括，包括：万寿山、香山、玉泉山，颐和园、静宜园、静明园、畅春园和圆明园。其中颐和园与承德避暑山庄、拙政园、留园并称为"中国四大名园"。

9. 皇家的山水乐园

> **思考**
>
> 下面哪个说法是正确的？（　　）
> A. 清漪园与颐和园不是同一座园林。
> B. 颐和园是现存规模最大的皇家园林。
> C. 颐和园始建于光绪年间。
> D. 颐和园中没有发生过什么历史上的大事件。

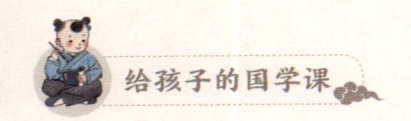

参考答案

一、哲学思想

1.A 2.C 3.A 4.D 5.C 6.B 7.D 8.A 9.C 10.B

二、天文地理

1.C 2.B 3.C 4.~~~~ 5.~~~~ 6.D 7.D 8.B 9.D 10.B

三、历史掌故

1.C 2.D 3.C 4.A 5.B 6.C 7.C 8.D 9.B 10.C 11.A

12.D

四、文学艺术

1.D 2.C 3.A 4.C 5.D 6.B 7.B 8.C 9.D 10.B 11.C

五、生活习俗

1.C 2.D 3.A 4.A 5.D 6.B 7.B 8.A 9.D 10.~~~~

六、科学技术

1.B 2.C 3.D 4.D 5.B 6.D 7.A 8.D 9.D 10.C

七、工程建筑

1.D 2.C 3.A 4.B 5.A 6.D 7.A 8.C 9.B